JN248939

Wagner Symposion

ワーグナーシュンポシオン 2018

日本ワーグナー協会編

特集 ワーグナーの呪縛（2）

ARTES

装丁　中野達彦
株式会社ティーアールエム

WAGNER SYMPOSION 2018
Edited by RICHARD WAGNER GESELLSCHAFT JAPAN
Artes Publishing Inc. 2018
ISBN978-4-86559-188-0

追悼　故 三宅幸夫先生

昨年8月14日にご逝去されました、
日本ワーグナー協会前理事長の
三宅幸夫先生を偲んで、
生前、三宅先生と
ご関係の深かった下記の皆様に
追悼文をご執筆いただきました。
有りし日のお写真と共に
ここにお届けいたします。

かけがえのない理解者

飯守 泰次郎（指揮者）

三宅幸夫氏とのお付き合いは、いつからか正確には思い出せないほど長かった。一九九〇年のワーグナー協会一〇周年《トリスタンとイゾルデ》を控えて、日本人キャストの指揮はぜひ私に、との打診で三宅家に招かれた。演出家の鈴木敬介さんと二人がかりで説得して下さったが、当時、私はオランダの仕事をどうしても抜けることができず、引き受けることが叶わなかった。酒席ということもあるが「飯守さん、本当にやる気ないの？」と脅さんばかりに強く迫られた。これで協会とも三宅氏とのお付き合いもおしまい……と覚悟するほかなかった。

しかし、一九九二年、対訳シリーズ『ラインの黄金』の発刊と、私が東京シティ・フィルを初めて指揮した《指環》抜粋の演奏会が同じ時期となり、彼は私の演奏に対する好意的な感想を添えて新刊を送って下さった。そしてその後も、私が各地で指揮するワーグナー上演の数々を、いつも気にかけて下さった。現場で彼の姿があると大変嬉しく、頼もしく、素晴らしい支えだった。終演直後に楽屋で「飯守さんの手にかかるとすべてのワーグナーが生きてくる」と言われた時の嬉

しさは、忘れられない。

ワーグナー協会でのレクチャーも、たびたび依頼された。すべてを知り尽くしている協会員の方々の前でワーグナーを語ることは、毎回準備も大変だったが、振り返れば作品に対する私自身の思索を深める貴重な機会ともなった。これも、繰り返し機会を与えて下さった三宅氏のお力に負うところが大きい。

ワーグナー協会による「対訳シリーズ」全十巻は、日本でワーグナー公演がここまで発展し充実する上で計り知れない貢献をしていると思う。特に、三宅氏が一貫して担当された「音楽注」は、ワーグナーの音楽を冷徹なまでに徹底的に読み込み、疑問を差し挟む余地がないほど分析し尽くした、世界的にも類を見ない研究である。彼の分析は、一見すると非常に客観的で理詰めのようでいて、決して理屈で終わることがなく、結果として読み取られる内容には生きた命が宿っている。彼の読みの奥深さは、登場人物に対する洞察と温かい共感に支えられ、その根底に、普段は表に出さないがお酒を飲むと現れる、非常に人間的で感情豊かな彼の人柄が息づいていると思う。

三宅氏は、ワーグナーの研究において、作曲家が遺した台本と楽譜から読み取れることがすべて、という厳格な姿勢を貫いていた。そして彼は同じ姿勢で、演奏家としての私についても、私の音楽からすべてを聴き取った。二〇〇一年にサントリー音楽賞を受賞した際、三宅氏は記念コンサートの公演プログラムに「飯守泰次郎の軌跡」と題する一文を寄せて下さった。受賞理由の一つだったベーレンライター版によるベートーヴェン全交響曲ツィクルスの本質的意義をはじめ、長くヨーロッパに行ったきりだった私の行動と決断の意味を、驚くほど的確に読み解いた文章で、なぜここまで深く理解して下さるのだろう、と感銘を受けるばかりであった。彼は、指揮者として目立つキャリアの有無や一般的な評価によるのではなく、一回一回の私の演奏そのものを虚心に聴いて下さる、かけがえのない理解者だった。

三宅氏と私の間柄は、評論家（もしくは音楽学者）と演奏家、という域を出ることのない淡々としたもので、純粋に音楽のみを通して成立していた交流だった。それでいて彼は、私のワーグナー解釈を信頼して下さっていることを、数は少なくとも力強い言葉と、行動として目に見える形で、常に表しサポートして下さった。彼なしでは今の私のキャリアは全く考えられず、どんなに感謝しても足ることはない。

昨年、三宅氏が亡くなられて間もなく新国立劇場《神々の黄昏》のリハーサルが始まり、一〇月の公演でこの《指環》のツィクルスは完結された。私は指揮をしながら、特に「葬送」の場面において、舞台の上に起きていることが物語で終わらず生きた現実となっているように思えてならず、偶然の一致などという言葉では到底言い尽くせない感覚に襲われた。彼はこの演奏をどこかで聴いて下さっていたに違いない、と思っている。

ことばの魔術師

伊藤　綾（鹿児島国際大学准教授、音楽学）

音楽学者、音楽評論家、教育者など、様々な顔を持つ三宅幸夫先生だが、私が一言で恩師を表現するならば「ことばの魔術師」である。

音楽批評、著作、論文、講演、そしてお得意の駄洒落と、いかなる場面においても、独自の視点で、切れ味鋭く落とし所へ持っていく先生の語法には、いつも鳥肌が立つほど魅了された。

とくに地域性や時事問題を取り入れた先生の駄洒落は芸術的ですらある。個人的なベスト3は、1位「sans souci」、2位「正常値よ永遠なれ」、3位「ハクチョン」。多忙を極める日々の中で、いつ、どのようにして、これほど精度の高いネタを思いつくのか、不思議でならなかった。会心の新ネタを披露する際の先生の嬉しそうなお顔は忘れられない。

そしてまた、普段の会話においても、先生のことばには心に響く独特の重みがあった。その中から、私の人生に大きな影響を与えた三つを回想してみたい。

◆「鼻は効くようだから……」

三宅先生に初めて会ったのは大学一年次、西洋音楽史の講義。忘れもしない初回の題材は、ウェーベルンの《九つの独奏楽器のための協奏曲》（作品二四）。この作品を通して、西洋芸術音楽はインスピレーションの産物ではなく、確固とした理論に基づいて構築されているということを知り、目から大量の鱗が音を立てて落ちていった。二年次の楽曲分析の講義では、シューベルトの《冬の旅》（作品八九）を論理的に分析・考察していく手法に、まるで推理小説を読んでいるかのような緊張と興奮を感じ、夢中になった。

そしてそれら衝撃は、私に音楽学の道へ進むという夢を抱かせてしまう。あまりにも無謀な将来計画に先生は唖然とされ、幾度となく説得を試みられた。しかし頑として意思を曲げない私に、最終的には「まぁ、あなたは鼻は効くようだから、せいぜい頑張りなさい」とため息まじりにおっしゃったのだった。この一言に有頂天になった私は、意気揚々と渡独してしまう。

◆「馬脚を現さないように……」

ドイツで学位さえ取得すれば、道は拓けると思っていた当時の私。帰国後は案の定、常勤職に就けるわけもなく、非常勤講師をしながら楽曲解説や翻訳、そして音楽とは無関係のアルバイトで糊口を凌ぐこととなる。

この期間中、様々な方から音楽学と関わる仕事の機会を与えていただいたことは感謝の念に堪えないが、三宅先生もその一人であった。私の実力を誰よりもご存じの先生は「数打ちゃ当たるかもしれないから、弾がある限り撃ち続けなさい。ただし、馬脚を現さないように」とご忠告くださった。とうに馬脚を現してしまった現在でも、このことばは己の身の程を知る戒めとして心に刻まれている。

◆「五〇歳の時にどうなっているかが肝心」

そうこうしているうちに、気がつくと三〇代後半。同級生の多くは家庭を築き、仕事でも第一線で活躍している中、なかなか常勤職が決まらず、世の中の同世代と自分とのあまりの乖離に悶々とする日々が続く。それでも、三宅先生を通して知ってしまった魅力ある音楽学の世界からから抜け出すという選択は、私には考えられなかった。

そのような私の姿を見て、この道の厳しさを散々忠告してきた先生は「それ見たことか」とは言わず「人生は五〇歳の時にどうなっているかが肝心。五〇歳の時にそれなりになっていれば、あとは大丈夫」とおっしゃった。

この一言を心の拠り所に、長きにわたる修行時代を乗り切り、ついに独り立ち。さあ、これから恩返し！と意気込んでいた矢先、先生は旅立たれてしまった。

私自身が学生と深く関わる立場となった今、人にも音楽にも真摯に向き合い、その結果生み出されたことばのいくつかが誰かの心に響けば、三宅先生の教えの一端を次の世代へと受け継いだことになるのかもしれない、と考えている。先生にはその悪戦苦闘ぶりを酒の肴に、雲の上からご笑覧いただきたい。

音楽の二刀流

佐々木 喜久（音楽ジャーナリスト）

新聞にとって演奏会評は、欠かせない要素の一つである。演奏会評を誰が書いているかで販売部数に影響する、という裏話もまんざら嘘ではない。一九八〇年前後の読売新聞は丹羽正明さんを中心に三、四人の音楽評論家が演奏会評を担当していたが、増えてきた演奏会に対応するために、もう一人、若手の補強を検討していた。そんな時、音楽評論の長老、宮沢縦一さんから、「最近、西ドイツ（当時）のテュービンゲン大学でバッハを勉強していた若い留学生が帰ってきた」という耳よりの情報を得た。早速会ってみると、知的で真摯な話しぶりは、前向きで、いかにも少壮の学徒らしい。シュトゥットガルトで聴いたというブルックナーの交響曲第八番を例に、「幻の指揮者」といわれたチェリビダッケの緊迫感みなぎる演奏の凄さを、明快に分析したところなど、音楽評論家の資質は十分に感じられた。その学徒が、山形大の常勤講師に就任したばかりの三宅幸夫さんだった。東京でも二、三の大学の非常勤講師になっており、学究生活の土台を築きつつあったようだが、泰子夫人の記憶によれば、三宅さんは、常々、「音楽学者となって象牙の塔にこもる気は全くない。社会と

ジャーナリスティックなつながりを持てる仕事をしたい」といって、音楽評論家の道を切望していたという。まさに魚心あれば水心あり。読売新聞は優秀な新人獲得に成功し、以来、三宅さんは、自ら設定した七〇歳まで健筆を揮われた。読売新聞の元音楽記者としては、感謝の言葉もない。

一九八〇年二月一五日、「ワーグナー音楽の復権」と題された一文が読売新聞文化欄に掲載されたが、それが、三宅さんの音楽評論家デビューだった。四月一一日には、日本ワーグナー協会の発会式を控えているのに、日本におけるワーグナーの受容は依然低い。そこで、同協会設立準備に下働きとして奔走していた三宅さんが、前景気に、ワーグナー像の正しい理解と日本ワーグナー協会への期待を込めてアピールしたのである。

読売新聞における三宅さんの最初の演奏会評は、チェリビダッケ指揮ロンドン交響楽団による一九八〇年四月一七日の東京公演だった。「幻の巨匠」は、その二年前に読響の招きで初来日したとき、独自の指揮哲学を具現化した、かつて経験したことのない巨大で透明な響きの一方、繊細極まりない色彩美を読響からひき出してセンセーションを巻き起こしていた。今度はイギリスの名門ロンドン交響楽団だけに、さらに注目の公演となったが、三宅さんの批評は、突くべきところは突き、力みやてらいのない正攻法の堂々たるものであった。

三宅さんにとって、一九八〇年四月は、その生涯を決定した音楽の二刀流を得て着実な一歩を踏み出した意義深い月なのである。即ち、一つは音楽評論家の道であり、いま一つは、終生の伴侶、泰子さんとともにドイツ経済史の権威で元ケルン日本文化会館館長であった松田智雄初代理事長を縁の下で支えて日本ワーグナー協会を立ち上げたことである。そしてドイツ文学研究者と組んで、ワーグナーの舞台作品の対訳本シリーズを完結させたわけだが、とりわけ三宅さんが特筆されるのは、すべての対訳本に音楽註という類書にない機能を付すという、大変な作業を二〇年を越えて独力で成し遂げたことだ。その間、演奏会はもちろん、大学の講義もあったわけで、あの痩身のどこから、そんなエネルギーが出てくるのか、疲れを知らない不思議な人だった。そこには、《指環》をはじめ、複雑で支離滅裂なワーグナーの物語を音楽面で正しく理解してほしいという三宅さんらしい学究としての思いがあったればこそ、ではなかったか。多忙な中でも、東京ドームに出掛け、ビール片手に巨人軍の活躍に嬉しそうに拍手を送っていたのを思い出す。音楽会の休憩中に会うと、話すのは、音楽よりペナント・レースのことが多く、それから喫煙タイムと雲隠れ、というのが三宅さんのルーティンだった。いまこそ安らかにお眠りください。

三宅幸夫先生　追悼

小鍛冶　邦隆
（作曲家・東京芸術大学音楽学部教授）

三宅先生とは二〇年ほど前に、電話をいただいたのが最初の関わりでした。

小学館「バッハ全集」の楽曲解説を書いてほしいという件で、《音楽の捧げもの》や《フーガの技法》という、バッハ後期の対位法理論作品についてのものであったので、お引き受けしました。その後、当時真偽が明らかになってそれほど時間のたっていない《ノイマイスター・コラール集》BWV1090～1120他の解説もという依頼には、専門外の事もあり、大変苦労して諸資料を読んだ記憶があります。

その後、慶應義塾大学大学院の、週一回の音楽分析を中心とした授業を担当させていただくことになり、日本ワーグナー協会の講演、また協会誌原稿や『ワーグナー事典』（東京書籍）の諸項目を書かせていただいたのも三宅先生との関わりでした。

その間に日本ワーグナー協会監修による画期的なオペラ対訳シリーズが次々に出版されていく過程を、日本におけるワーグナー音楽の本質的啓蒙の中心におられた三宅先生の傍らで体験できたのは幸せな事でした。

私の専門の作曲の領域でも、ドビュッシーや新ウィーン楽派に限らず、第二次世界大戦後の前衛音楽におけるシュトックハウゼンやブーレーズといった作曲家（さらには多くの演出家）たちによる新たなワーグナー理解を通じて、歴史的なワーグナー像が、さらに今日的な多様性へと移り変わっていく過程がみられます。

とくに日本では、絶対的な基準と誤認されやすい「ワーグナー」という現象が、オペラの歴史の中ではむしろ特殊なものであり、今日ではフランス・グランドオペラや、イタリア・オペラ全般が、ワーグナーという参照点（あるいは屈折）を通じて一九世紀のオペラの様相として顕在化してきたといえるでしょう。

具体的な作曲技法としての和声法や管弦楽法の分野でも、ワーグナーの歴史的影響は過大視される傾向があります。あるいは論点が多少ずれているともいえます。

ダールハウスの賢察によらずとも、ワーグナーにおける和声法は、管弦楽法的多声法との関連において理解するべきもので、管弦楽法についてもオペラ的管弦楽法という、交響曲分野の基準とは異なるものなのです（フランスやイタリア・オペラでも同様です）。

こうした領域内外の諸事情をふまえて、「ワーグナー」という特殊な現象が検討されるべきといえます。

一方ワーグナー音楽の長大な時間構造、あるいは音楽形式の複雑な連続性・重層性は、今日、現代音楽における時間や形式を考えるうえで重要なものです。ワーグナーの（《トリスタン》以降の）管弦楽書法に時折みられる、従来直線的時間として区切られる音響構成（調的カデンツと密着したトゥティによる調的構成による形式区分）と異なる、倍音的な音響構造から生じる微細な変化で成立する音像や形式的無方向性といったものは、ワーグナーの意図とは別に、音響のコンピュータ解析によるスペクトル楽派や、二一世紀の新しい作曲家世代に影響を与えていることは否定できません。

ともあれワーグナーを理解するという事は、しばしば歴史的に孤立した音楽の在り方から、歴史的連続性のみならず、ある意味、歴史的不連続性という意識をも生じさせます。

歴史性と今日性のはざまで、さらに日本という社会的、文化的異質性のなかでのワーグナー理解は、その方向性によって異なる成果が生ずるともいえます。

三宅先生を中心とした「日本ワーグナー協会」が成し遂げてきた成果である、ドイツ音楽芸術の受容・理解同様に、ワーグナーは今後さらに多様性の観点からの今日的な評価がなされていくことでしょう。

三宅幸夫さんとのこと

池上純一（埼玉大学名誉教授、哲学・ドイツ思想）

初めて知り合ったのは、三宅さんがドイツから帰国され、新進気鋭の音楽学者として山形大学で教鞭をとるようになって間もない八〇年代であったかと思う。すでに多彩な活動を展開しておられた三宅さんは、私が担当した翻訳に音楽面での監修・助言を行うべく貴重な時間を割いて来宅されたのだが、意気投合して仕事に没頭しつつ赤ワインの杯を重ねるうちに時を忘れ、なんとか最寄り駅へ送り届けたのがコンサート評のため向かわれた東京文化会館の開演二〇分前。そのあといったいどうなったのかと心配になったものである。

それからも折りにふれ一緒に仕事をする機会に恵まれ、ほんとうに大切なことを教えていただいた。深くゆたかな学識に触れ得たというにとどまらず、なによりも知を希求する学究としての根本的な姿勢に打たれたといってよいだろう。あるとき何かの拍子に、早稲田の理工学部に進まれたのに、その道をきっぱり捨てて音楽の世界へ転身したのは？　と野暮を承知で尋ねたことがある。これからの時代、化学産業なら食いっぱぐれがないからと周囲に勧められたものの、どうしてもバッハの音楽の美しさの秘密を知りたくてね、芥川の「空中の火

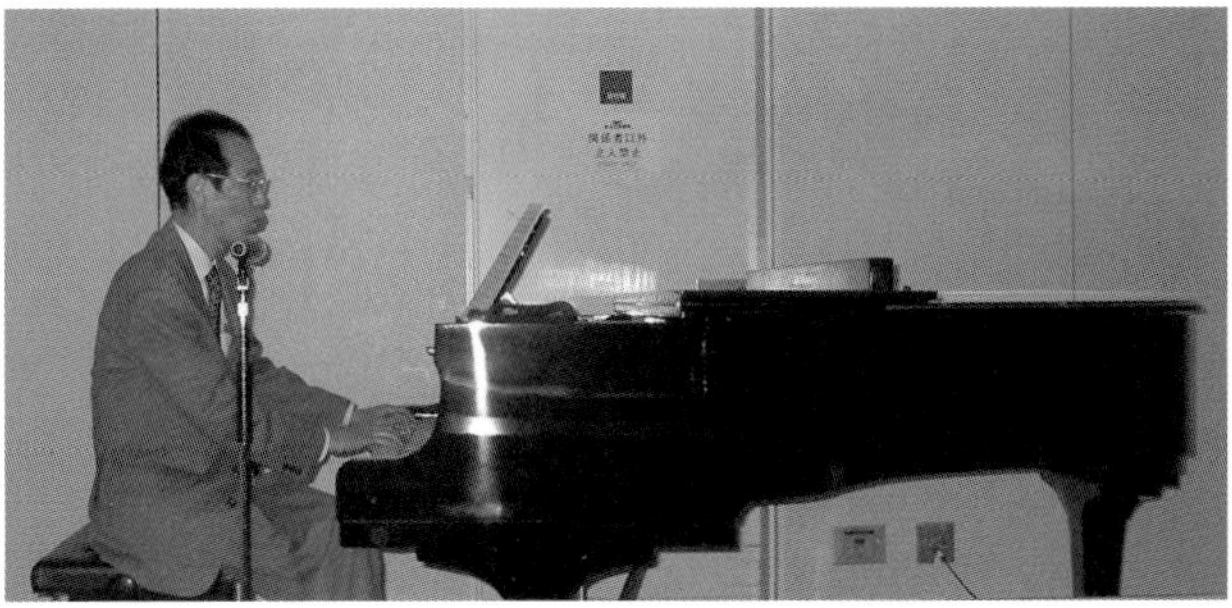

花」のようなものさ――「架線は鋭い火花を放つてゐた。彼は人生を見渡しても、何も特に欲しいものはなかつた。が、この紫色の火花だけは、凄まじい空中の火花だけは命と取り換へてもつかまへたかつた」（『ある阿呆の一生』）――と、はにかむように語った横顔は忘れることができない。三宅さんにとって音楽学者としての「仕事」とは単なる「職業としての学問」ではなく、音楽美の真髄という「神々の火花」をこの手につかまえようという天上的な愛知《フィロソフィア》への召命にほかならず、その意味において文字通り生涯一学徒の道をつらぬかれたといえよう。慶応義塾大学を退官される際の最終講義で、「今日は記念講演というよりも、今考えている試みの途中報告として話してみたい」と前置きしてシューベルトの歌曲について深い思索を展開されたときも、いかにもと膝を打ったものである。

　こうした良き先達に導かれての仕事のなかでも、ワーグナー協会の事務局を空き時間にお借りして行ったワーグナー作品の対訳・注解シリーズの検討作業は――対話を交わしながらのバッカスの陶酔もあってか――まさしく共に学ぶ交歓《シュンポジオン》の場であり、生涯忘れ得ぬ至福の時間であった。ほかにも、ひとたび世に送り出した文章は読み返さないといった文筆に生きる者の潔さや、逆に、いったん進み始めた道は愚直に最後まで歩み抜くという徹底性など教えられることは多かったが、なかでもことあるごとに言われたのは、社会性を欠いた「独文の文士気取り」（どうやら私もその員数に入っていたようだ）の仕事ぶりへの批判であった。三宅さん自身の社会的活動の最たるものは、何と

いっても日本にワーグナー協会を創立し、学術と実務の両面にわたって主導してこられたことであろう。亡くなる前の理事会に車椅子で来られ、理事長として協会の将来について重い言葉を残してゆかれた気迫と責任感あふれる姿は今も目に鮮やかである。

それにしても、よく飲んだものである。Veritas in vino 酒中真ありとばかりに夜の町でも、会議や公演の前後にも、旅先でも、山形赴任後に開眼したという日本酒を「これを飲むために生まれてきたような気がするよ」などと迷言を吐きながら。酒席での三宅さんは駄洒落を飛ばしては座を和ませる楽しいお酒であった。だが、ほろ酔い加減で街に出るたび口癖のように虚空に放たれた《トリスタン》からの決め台詞 Wo bin ich? Hart am Ziel! あれはどんな思いだったのか？ 声も届かぬ彼方へ旅立った友に、もはや尋ねるすべもない。

まえがき

皆様もご承知のとおり、昨年の八月一四日に本協会理事長三宅幸夫氏が永眠されました。そのあまりにも早いご逝去は、協会のみならず、わが国の音楽評論と音楽学にとって大きな痛手となり、また多くの音楽愛好家に哀惜の念を呼び起こしました。編集委員会は、本号の巻頭に三宅氏在りし日の写真とともに、同氏とゆかりの深い飯守泰次郎氏、伊藤綾氏、佐々木喜久氏、小鍛治邦隆氏、池上純一氏による追悼文を掲載することにいたしました。それぞれ異なる立場で三宅氏との接点をおもちだった筆者の皆様からお寄せいただいた文章によって、多方面に大きな足跡を残した三宅氏の活躍ぶりが浮き彫りとなったと思います。筆者の皆様には、この場を借りて厚く御礼申し上げます。

さて、本号は前号に引き続き「ワーグナーの呪縛（2）」という特集テーマを立て、強い呪縛力を発するワーグナー芸術との関わり方（促進、利用、回避、屈服、対峙など）、あるいはワーグナー自身による呪縛力の行使をめぐる論文四編を掲載しました。冒頭に掲げた上山典子氏（音楽学）の「ワーグナー＝リストのオペラ編曲」は、リストによるワーグナー・オペラのピアノ編曲全一五曲を、ヴァイマル宮廷楽長時代の七曲と宮廷楽長辞任後の八曲に分類して、リストの音楽活動、ワーグナーとの人間関係、編曲に対するワーグナーの関心などを背景に考察・分析し、これらの編曲に具現化されたリストの芸術理念を追究するものです。次に江口直光氏（ドイツ芸術文化史）の「映画『ニーベルンゲン』とワーグナー」を掲載しました。江口氏は、中世叙事詩『ニーベルンゲンの歌』を主要な典拠とする無声映画『ニーベルンゲン』が、ワーグナーの《指環》を典拠の一つとしつつも、「脱構築」や「異化」を通じて単なる模倣となることを回避している点とともに、人物造形や表現手法において《指環》と通底していること、また、映画公開時のマーケティング戦略が「ワーグナーの呪縛」を利用したことを指摘しています。続く高橋宣也氏（英文学）の「故郷なき者たちの拠り所――イギリスの「亡命者たち」が求めたワーグナー」は、「亡命者」が政治的な意味ではなく、「根こそぎにされた人、外に飛び出す人」という含みであると述べたうえで、アイルランド出身のイェイツ、ジョイスとG・B・ショー、アメリカ出身のT・S・エリオット、そしてイギリスからドイツへの「亡命者」であるH・S・チェンバレンとヴィニフレート・ワーグナーを取り上げ、彼らが「ワーグナーの世界に拠り所を求めた」様態について論じています。特集の結びとして掲載したのは、『ワーグナースペクトラム』誌二〇一六年号、第二冊の特集「ワーグナーとメンデルスゾーン」に掲載された、ハンス＝ヨアヒム・ヒンリヒセン氏（音楽学）による「指揮の実践と解釈の方策――生産的破壊戦略としてのワーグナーの論争的メンデルスゾーン像」（吉田真氏訳）です。概要については「訳者まえがき」をお読みください。

続くエッセイとして、声楽家（テノール）、今尾滋氏の「ヴァーグナーに魅せられて」を掲載しました。ここで今尾氏は、ご自身がバリトンからヘルデンテノールとなった紆余曲折を闊達な筆致で綴っていて、読者を大いに楽しませます。

吉田真氏による「バイロイト音楽祭報告二〇一七」では、ヴィーラント・ワーグナー生誕百年記念行事への言及に引き続き、バリー・コスキーによる《マイスタージンガー》新演出について報告されます。第一幕を一八七五年のヴァーンフリートに、第二幕を一八七〇年のトリープシェンに、第三幕を一九四六年のニュルンベルクに設定し、意味深長な意匠を凝らした演出を、吉田氏は明快に解説し、また歌手陣と指揮者については、おおむね肯定的な評価を下しています。

「国内ワーグナー上演二〇一七」では、東条碩夫氏が、三月の《ラインの黄金》（びわ湖ホール）から一〇月の《神々の黄昏》（新国立劇場）まで、演奏会形式を含む七つの全曲公演と、「わ」の会による《神々の黄昏》ハイライト（八月、北とぴあつつじホール）、《ワーグナー × ホルン》～N響メンバーと仲間たちによるホルン・アンサンブル（三月、東京文化会館小ホール）について、簡潔にして充実した批評を記しています。

本号では、さらに森岡実穂氏による「カールスルーエ歌劇場《指環》チクルス前半の報告」を掲載しました。二〇一六～一七年に南西ドイツのカールスルーエ歌劇場で上演された四人の演出家による分担方式の《指環》四部作について、森岡氏はまず四人の演出家の経歴を紹介したうえで、ヘアマン演出による《ラインの黄金》とシャロン演出による《ヴァルキューレ》の斬新にして刺激的な舞台を、文章によって克明に再現しています。

「国内ワーグナー文献二〇一七」では、佐野隆（本誌編集委員）により、《ニーベルングの指環》等を論じた著作二点、コジマの日記の訳書の他、学会誌等に掲載された論文三点が取り上げられています。また、「海外ワーグナー文献二〇一七」では、フランク・ピオンテク氏（松原良輔氏訳）により、ワーグナー『書簡全集第二五巻』、ワーグナーの反ユダヤ主義を扱った著書二点、ワーグナーにおける所作を論じた著作、そしてバイロイト祝祭劇場を設計した建築家オットー・ブリュックヴァルトを扱った研究書の紹介と批評がなされています。

また巻末には、例年どおり、会員の曽雌裕一氏作成になる上演データ「海外ワーグナー上演二〇一七」を掲載しました。

さて、日本ワーグナー協会が一〇年を一区切りとして刊行している年刊誌の第四シリーズである本誌も、二〇一二年の発刊以来、本号で七巻目となります。二〇二一年の最終号まで余すところわずかとなりましたが、編集委員会は今後も内容の充実にむけて全力を傾注する所存ですので、忌憚のないご意見やご要望をお寄せくださいますよう、よろしくお願い申し上げます。

編集委員を代表して　杉谷恭一

ワーグナーシュンポシオン　二〇一八◉目次

＊ワーグナーの作品名と登場人物名の表記は、執筆者から指定のあったものを除き、原則として『ワーグナー辞典』（東京書籍）に準拠します。その他の作品名・人名・地名等の表記は執筆者の裁量によるものです。

Inhalt

ワーグナーシュンポシオン
2018

日本ワーグナー協会編

ワーグナー＝リストのオペラ編曲［1］

上山典子

はじめに

ワーグナーの《リエンツィ》から《パルジファル》にいたるすべてのオペラを網羅するピアノ二手用編曲は、リスト（一八一一‐一八八六）の音楽家人生においてとりわけ重要な位置を占めている［2］。なぜならそれは編曲家としてのみならず、ピアニスト、作曲家、指揮者、著述家、教育者など、芸術家リストのあらゆる活動を象徴し、体現する産物だからである。加えて、これらの取り組みには、音楽史上でも類のないほど親密な交流から、亀裂、断絶を経て和解に至った両者の人間関係も何かしらの影響を与えていた可能性が推測される。

【表1】は、リストが三七歳の一八四九年から七〇歳を超えた一八八二年に至るまで、三四年もの年月にわたり断続的に取り組んだワーグナーのオペラ編曲、合計一五作品（作品番号では一二）を完成順に並べたものである。これらすべてが完成の一年以内に出版され、ドイツ国内のほかパリ、ロンドンなど、広範な地域の人々に届けられていた。また、リスト自身が公の場で演奏する機会はほとんどなかったが、その役割はリストの弟子たちに託され、一九世紀後半のワーグナーの作品普及の一翼を担った。以下本稿は、取り組みの背景や両者の交友関係を確認しながら、編曲手法の変遷と一連の取り組みに横たわるリストの編曲美学をみていく。

1　ヴァイマル宮廷楽長時代の編曲 全七曲

一五作品にのぼるリストのワーグナー編曲のう

【表 1】 ワーグナー＝リストの編曲一覧

	リストの編曲	編曲が取り上げた場面	出版社
1	《タンホイザー序曲》1849	タンホイザー 序曲全体（第 1-439 小節）	Meser 1849
2	《優しい夕星よ》1849	タンホイザー 第 3 幕第 2 場 ヴォルフラムのアリア	Kistner 1849
3	《客人の入場》1852	タンホイザー 第 2 幕第 4 場	B&H 1853
4	《エルザの結婚の行進》1852	ローエングリン 第 2 幕第 4 場冒頭	B&H 1853
5	《祝典と結婚の歌》1854	ローエングリン 第 3 幕への前奏曲、第 1 場婚礼の歌	B&H 1854
6	《エルザの夢》1854	ローエングリン 第 1 幕第 2 場 エルザの夢	B&H 1854
7	《ローエングリンの非難》1854	ローエングリン 第 3 幕第 2 場	B&H 1854
8	《リエンツィ幻想曲》1859	リエンツィ 第 3 幕 No.10、第 5 幕 No.13、第 1 幕 No.1 等	B&H 1861
9	《糸紡ぎの歌》1860	オランダ人第 2 幕第 1 場 糸紡ぎの歌	B&H 1862
10	《巡礼の合唱》1861	タンホイザー 序曲の一部（第 1-81 小節）	Siegel 1865
11	《イゾルデの愛の死》1867	トリスタンとイゾルデ 第 3 幕第 3 場（最終場面）	B&H 1868
12	《静かな炉辺で》1871	マイスタージンガー 第 1 幕第 3 場 ヴァルターの歌	Trautwein 1871
13	《バラード》1872	オランダ人 第 2 幕第 1 場 ゼンタのバラード	Fürstner 1873
14	《ヴァルハルより》1875	ラインの黄金 第 1 場最終の間奏曲、ヴァルハル・剣の動機	Schott 1876
15	《パルジファルより》1882	パルジファル 第 1 幕の鐘、聖杯の動機 等	Schott 1883

*B&H = Breitkopf und Härtel（以下同様）

ち、およそ半数の七曲は、一八四九－五四年の間に取り組まれた。この六年の間に《タンホイザー》から三曲、《ローエングリン》から四曲のピアノ二手用編曲が完成した。のちにリストはこれらの取り組みを、「つましいピアノによる、ワーグナーの崇高な創造精神のためのささやかなプロパガンダ」（一八七六年一一月二三日付、B&H宛、Br. 2: 247）と振り返る。ワーグナーの原曲普及を目的に据えた七つの編曲は、どのような状況下で生み出され、どのような手法で取り組まれたのだろうか。

一八三九－四七年のおよそ九年間、リストはヴィルトゥオーソ・ピアニストとしてヨーロッパ中を駆け巡る生活を送っていたが、一八四七年の秋に突如そのキャリアから引退すると、翌年二月にはヴァイマルの宮廷楽長に就任した。そしてリストがまず着手したのが、正当な評価を得るに至っていなかったワーグナーと彼の作品のプロモーション活動だった。着任から九カ月後の一八四八年一一月一二日に《タンホイザー》の序曲を指揮したのを皮切りに、一八四九年二月一六日、マリア・パヴロヴナ大公妃の六三歳の誕生日には宮廷歌劇場で《タンホイザー》の全曲上演を実現させた。この上演に合わせるかたちで作られ、同年中に出版された編曲が《タンホイザー序曲》と、第三幕第二場のヴォルフラムのアリアに基づく《おお、おまえ、優しい夕星よ》だった。

オペラ上演から一〇日後、リストはワーグナーにこれら二つの編曲が完成したことを報告し、「（序曲の）技術的な困難を乗り越えられる演奏者はごくわずかだと思う」と述べる一方、《夕星》は「第二ランクの演奏者が容易に演奏できる」（一八四九年二月二六日付、Br. W.-L. 1: 14）と解説した。すなわち、《序曲》はピアニストの演奏会レパートリーを念頭にしたものであり、《優しい夕星》は音楽愛好家向けと、用途が明確に分けられていた。事実、当時リストの下で修行中だったハンス・フォン・ビューロー（一八三〇－九四）は一八五一年にザンクト・ガレン（サンガル）で行ったリサイタルでこの《序曲》を演奏し、聴衆のワーグナーに、「かなりのセンセーションを巻き起こした」と言わしめることになる[3]。一方、一八四九年にライプツィヒのキストナー社から出版され、その後同じ出版社から新しい彫版で二度出された《夕星》は、パリ、ロンドン、モスクワの各地でも出版され、家庭のアマチュア奏者に愛奏されることになった。

しかしこの手紙で注目すべきは、演奏難度についての言及だけではなく、リストがこれらを「私の方法で auf meiner Art」編曲した、と記したことにもある。三月一日付の返信で、上機嫌のワーグナーは序曲の編曲は「夢みたいだ」とまで言うが、その際、「あなたのやり方で auf Ihre Weise」取り組まれたもの、とリストの独自性を念押しすることも忘れなかった（Br. W.-L. 1: 17）。確かに《タンホイザー序曲》はリストのワーグナー編曲のなかでもっとも緻密な手法によるものだが、それは音符対音符の上で原曲に「忠実」というわけではない。奏者の並はずれた演奏技術と表現力を前提に、原曲を彷彿とさせる雄大で壮麗な効果が生み出されるようになってはいるが、原曲スコアと対音符で比較するならば、そこには「リストのやり方」が無数に確認される。

一方の《優しい夕星よ》は、リストにおいては極めて珍しく、楽譜に歌詞が記入されている。このことはヴォルフラムの歌旋律が原曲の通り維持されていることを意味するのだが、一見したところ音符上は「忠実」であっても、独自のやり方は随所に確認される。リストはまず、原曲のレチタティーヴォを変ロ長調からロ長調に、ト長調のアリアを変イ長調に移調した。変ロ－ト、ロ－変イは音程的に短三度と増二度で同度だが、この移調がワーグナーのものとは異なる色合いを生み出すだけでなく、シャープ調からフラット調への転換がより劇的な変化をもたらす。また、リストがアリアの部分に「ロマンツェRomanze」と記入したことは、この曲がオペラに基づく編曲というよりも、器楽のための抒情的小品であることを印象づけている。そのほか、原曲では四小節の前奏を一〇小節に拡大し、一二小節の後奏も追加した。この編曲を確認したワーグナーが、「すべてあなたの好きなようにどうぞ Verfügen Sie doch ja ganz nach seinem Belieben」(Br. W.-L. 1: 17)と返信したように、調の変更や器楽ジャンルの付与、そして前奏後奏という外枠の追加は、「リストのやり方」を控えめに、しかし明確に差し出していた。

こうした前奏と後奏の追加(または拡大)は、《夕星》以降のワーグナー編曲のほぼすべてに見られる「リストの方法」である。それはワーグナーの切れ目のない場面を独立した編曲として成立させるための、ある意味必然の、しかし同時に極めて創造的な策であり、多くの場合、先行する場面の移行部や作品の主要動機を彷彿とさせる素材が用いられた。しかもこうした前奏と後奏はしばしば音楽的に対応しており、リストの編曲が一つの統一体として提示されることにつながっている。

一八五〇年代に入ると、リストのワーグナー・プロモーションはさらに本格化する。《タンホイザー》上演の翌年、一八五〇年八月二八日の「ゲーテ生誕記念祭」には、作曲者不在のなか、《ローエングリン》の初演に漕ぎつけた。この上演にあたっては、両者の間で事前に何度も書簡が交わされたが、チューリヒからの指示のひとつに、次のような一文があった――「オペラはあるがままのかたちで上演して下さい、何ひとつカットしないで! Gib die Oper, wie sie ist, streiche nichts!」。そして、「今回わたしは、音楽と詩、劇の動きとの確かで具象的な関係を作り上げるよう努めました。この件に関しては、完璧だと信じています」(一八五〇年七月二日付、Br. W.-L. 1: 107-108)、と続く。この決然とした要求は、オペラ上演だけでなく、リストが手がけるワーグナー作品の編曲にもそのまま適用されるべきものだろう。

その後、一八五三年二－三月に宮廷劇場で開催した「ワーグナー祭」では、二〇日余りの間に《さまよえるオランダ人》を三回、《タンホイザー》を二回取り上げ、《ローエングリン》を加えたサイクル上演も行われた。リストはまた、世紀半ば以降急速に増加したドイツ各地の音楽祭や記念祭でも、音楽監督あるいは指揮者としてワーグナー作品（主に序曲、前奏曲）の精力的な紹介に尽力した。

リストの功績は著述の領域にも及んだ。《タンホイザー》と《ローエングリン》上演という二つの大仕事の間、一八四九年五月一八日には*Journal des Débats*に、「タンホイザー」のストーリーを紹介する仏語による短い記事を寄稿した［4］。さらに、一八五一年には音楽的内容にも踏み込んだ仏語による単行本『ローエングリンとタンホイザー』をライプツィヒで、翌五二年には独語版をケルンで出版させた。そして一八五四年には「さまよえるオランダ人」（*Weimarische Zeitung*および*Neue Zeitschrift für Musik*［以下NZ］）の長大な記事と、「ラインの黄金」（NZ）の短い記事を双方とも独語で掲載した。

こうしたオペラ上演や序曲の演奏、活字を通した作品紹介に加えて、リストはこの時期、《序曲》と《夕星》以外にさらに五曲の編曲を作成した。完成翌年の一八五三年に二曲セットで出版されたのは、《ヴァルトブルク城への客人の入場》と、《エルザの結婚の行進》だった。そのことを伝えるリストの手紙に対し、ワーグナーは感謝の意を伝えることを怠らなかったが、これらを「君の一層独特な才気あふれる方法によるnach Deiner immer so eigenthümlich geistreichen Art」編曲と表現し、「あなたのやり方」と述べた一八四九年時以上に、リストの独自性を強調した（一八五三年三月三日付、Br. W.-L. 1: 225）。いずれも原曲を尊重する編曲ではあるが、《客人の入場》には四〇小節にも及ぶ自由な長大なコーダが追加されている。そして《結婚の行進》では一七小節の前奏と、この場面の主題要素を継続しつつ、原曲の前奏曲を思い起こさせる和音で閉じる一八小節の後奏が挿入されている。

一八五四年には《祝典と婚礼の歌》《エルザの夢》《ローエングリンの非難》の三曲が、セットで出版された。これらはいずれも前奏と後奏（《非難》は後奏のみ）が追加されているが、原曲の旋律線と和声は尊重され、リスト特有のヴィルトゥオーソ的扱いも控えられた小品である。とくに原曲の歌唱旋律が一貫して維持される《非難》においては、《夕星》と同じように、歌詞が記入されている。しかし、原曲ストーリーの展開という観点から見てみると、前二曲には「いっそう独特な」リストの方法が確認される。

《祝典と婚礼の歌》は原曲の筋通り、第三幕への前奏曲に婚礼の歌が続くが、その後前奏曲が回帰する。リストの編曲ではA－B－Aという三部形式が確保され、論理的構成のようにも思われるのだが、終幕に向かって切れ目なく推進される原曲の展開とは一致しない。また《エルザの夢》は、第一幕第二場の冒頭一六小節を前奏として用いたのち、エルザの神への祈りやまどろみの訪れ（原曲スコアで八〇小節分）を一気に飛ばし、夢の内実を語り出す部分から開始する。しかも、リストはエルザの歌唱旋律よりもオーケストラ・パートを優先させるため、エルザが夢を語る場面で夢の途中が抜け落ちる（したがって、規則正しい脚韻も意味を持たない）。それでも、これらがワーグナー作品の「ピアノ用編曲」の範疇に十分収まるものであることに違いはない。

このように一八四九－五四年の間に完成した編曲は、両者の人間関係が極めて良好ななか、ワーグナーの作品を推進する宮廷楽長としての活動と密接に結びついた取り組みだった。そこでは前奏と後奏の追加が一般化し、「私の方法」が随所に盛り込まれているものの、ワーグナーの旋律線と基本和声は維持されおり、原曲を大幅に書き換えるようなレベルではない。しかしこれ以降の編曲には、その手法の点で明らかな変化が見られるようになる。《ローエングリン》初演にあたってワーグナーから通知された「Gib die Oper, wie sie ist」の精神よりも、「auf meiner Art」が優先されるのである。

2 宮廷楽長辞任後の編曲 全八曲（一八五九－八二年）

一八五八年頃の両者の書簡には、ワーグナーのオペラ上演の場所をめぐる問題が繰り返し話題に上っていた。《タンホイザー》のパリ上演を画策するワーグナーに対してリストは、「君のパリでのチャンスについて、私は特に言うことはない」としつつ、「君の作品のなかでは、《リエンツィ》がパリの人々の好みに一番合っているように思える」（一八五八年一月三〇日付、Br. W.-L. 2: 194）と述べ、選曲を再考するよう伝えている。また、その年の夏にも、「率直に言わせてもらうと、もしパリまたはミラノで《タンホイザー》を上演すれば、君にとって好ましくない状況になるということを、君自身が認識していないことに驚かされる（ロンドンのことではない。あそこには良質のドイツ・オペラにチャンスがある）。もう何年もの間、君の作品の居場所はドイツだけにあるのです」と、パリ上演を敢行しようとするワーグナーの勇みに警告を送るかのような口調で綴った（八月二六日付、Br. W.-L. 2: 208）。

九月二日付のワーグナーの手紙は、ヴェネツィアから送られてきた——「私のオペラをイタリア等々では上演しない方が良いという君の警告と忠告は、見送ります」（Br. W.-L. 2: 210）。リストは、一八三〇年代来のグランド・オペラが依然席巻するパリや、ドイツとは明らかに異なるオペラの歴史、文化、聴衆のイタリアでは《タンホイザー》が受け入れられない可能性を心配し、その後も、「〔ワーグナーの〕ルーツは完全にドイツにある」ことを説得しつづけるが（一〇月九日付、Br. W.-L. 2: 213）、この時期、両者の間には歴然たる意見の不一致がみてとれる。

その一八五八年の一二月末、リストは宮廷劇場で弟子のペーター・コルネーリウス（一八二四－七四）の最新オペラ《バグダードの理髪師》を初演したが、その上演が騒動を引き起こしたことを機に、楽長職の辞意を固める。以前から同地の保守層と折り合いの悪かったリストは、翌年二月一四付で大公に辞職願を提出した。そしてその書面には、次のような一文も記された——「ワーグナーのオペラはすでにレパートリーとして認められており、もはや私を必要とはしていません」（Br. L.-A.: 70）。果たしてこの一文は、ワーグナー作品の普及活動からの撤退を意味するものとなったのだろうか。

《リエンツィの主題に基づく幻想曲》は、リストが楽長辞任後に初めて完成させた編曲である。一八五七年頃から、ヴァイマルでの《リエンツィ》上演を模索していたリストは、一八五九年八月二二日付で、「ピアノのためのリエンツィ・ファンタジーを作ろうと思いついた」（Br. W.-L. 2: 258）と伝え、その予告は同年中に実現した。冒頭部分は第三幕フィナーレ（No.10）の「リエンツィの戦の叫び（聖なる魂の騎士 “Santo Spirito cavaliere”）」、続いて第五幕冒頭（No.13）から「リエンツィの祈り」の主題変奏、そして最終部は第一幕冒頭（No.1）の行進曲が展開される。

原曲を自由に読み替え、必ずしもストーリーの展開順序に沿わない独自の解釈で場面をつなぎ合わせるこの手法は、リストが一八三〇‐四〇年代のピアニスト時代に多く生み出したオペラ・パラフレーズそのものだった。それはワーグナーにこのオペラがグランド・オペラのジャンルをモデルにしたものであり、ひいてはパリの聴衆の好みにあっていることを認識させるためにとられた手段だったのかもしれない。しかし《リエンツィ幻想曲》はワーグナーへのメッセージとは無関係に、リストの「auf meiner Art」による自由な編曲時代の幕開けを告げるものでもあった。

同じく一八五九年、リストは《オランダ人より糸紡ぎの歌》を完成させた。「糸紡ぎの動機」に基づく二一小節の前奏を独自に挿入したのち、歌唱部分を開始する。原曲の旋律線は基本的に維持されているが、伴奏部も含めて、そこにはアルペッジョ、前打音、トリルなどの無数の装飾が付加されており、極めてピアニスティックな扱いが展開される。また、歌の各連をつなぐ間奏部には、原曲には確認されないオランダ人の空虚五度音型が挿入されるなど、リストの独自性が際立つ。

一八六〇年一二月二日付の書簡でリストは、「些細なことですが、私の二つのトランスクリプションがドレースデンのメーザー社[5]から近々出版されます——《糸紡ぎの歌》(オランダ人)と《聖なる魂の騎士》(リエンツィ)」(Br. W.-L. 2: 286)と控えめに書き添えたが、ワーグナーからのその後の返信で、この件は無視された。一八四九年の《タンホイザー序曲》には大いに熱狂したワーグナーだったが、次第に興味は薄れ、一八六〇年代以降、リストの編曲に対するコメントは残していない。

ワーグナーの関心はパリに向いていた。オペラ上演の野望実現の見通しがいまだ不透明ななか、一八六〇年の一月下旬から二月上旬にかけての三度の水曜日、同地のイタリア座で器楽曲を主体とする演奏会を敢行した。そのプログラムは《さまよえるオランダ人》序曲、《タンホイザー》の序曲と第二幕第四場の合唱付き入場行進曲、《ローエングリン》から前奏曲と第三幕への前奏曲〜第一場〈婚礼の合唱〉、そして新作の《トリスタンとイゾルデ》前奏曲という野心的なものだった。

この大胆なプログラム——なかでも《トリスタン》をパリの聴衆に差し出すことに不安を抱いていたリストは、一八六〇年一月二五日付でライプツィヒ在住の批評家でNZの編集者、リストと同い年の友人でもあるフランツ・ブレンデル（一八一一－六八）宛に次のように綴った――「今宵はワーグナーのパリ演奏会の初日です。彼にとって好ましいことは何もないでしょうし、ワーグナーのこのような登場は誤った決断だったと思っています。こうした考えの下、私たちの書簡は一時的に停止しています。（中略）ライプツィヒでの《トリスタン》上演について、ワーグナーは何か意見を明確にしていますか？彼からの手紙の内容を教えてもらえませんか？」（Br. 1: 352-353）［6］。

実際のところ、ワーグナーとリストの文通は完全に途絶えてはいなかったが、出版された書簡集をみる限り、年明け一八五九年の春以降の二人のやり取りは明らかに減少し、文面も短くなっていた。数日間隔で手紙が行き交っていた時期はいまや昔であり、五九年五月二一日付以降は七月に一通、八月三通、一〇、一一月に各一通、年明け六〇年の三月一通、五月に二通と、リストが上記の手紙で触れた時期の不通は三カ月に及んでいた。

このようななかでも、リストの《タンホイザー》、厳密にはその「序曲」に対する熱は続いていた。ヴァイマル時代の最終月、一八六一年七月にリストは《巡礼の合唱》を完成させた。そのタイトルは第三幕第一場のローマから戻ってきた巡礼の一行による合唱（変ホ長調）を予期させるが、実際には序曲の第一－八三小節部分（ホ長調）の編曲だった。すでに一二年前の一八四九年に《タンホイザー序曲》を完成させ、出版もしていたが、リストはそれと完全に重複する序曲の一部（A－B－A、構成のA部分）を再び手がけたのだった［7］。たとえ巡礼の合唱の「テーマ」が序曲で現れるとはいえ、オペラのストーリー展開の観点から、両者の位置付けは決して同じではない。そのことは原曲の序曲と第三幕第一場における調の違い（しかも半音違いというもっとも遠隔関係）にも明白に表されており、リストの編曲はタイトルロールとしてのタンホイザーの人物像、さらにはワーグナーのドラマそのものを独自に読み替えていることを示す。

序曲に対する関心は健在だったが、ワーグナーとの書簡の停止は「一時的」では済まなかった。一八六一年八月一七日、リストは一八四八年以来の居住地ヴァイマルを離れ、ベルリンやマルセイユに立ち寄りながらローマへと向かう。教会音楽と宗教生活に没頭する日々となったローマ時代（一八六一－六八年）は、ワーグナーとリストの人間関係がもっとも疎遠に、そしてもっとも困難に陥った時期と一致する。

一八五九年一二月に二〇歳の長男ダニエルを亡くしたリストだったが、一八六二年九月に今度は長女ブランディーヌまでが二六歳の若さでこの世を去る。そんな深い悲しみにあったリストは、同年秋、一八五〇年代を通して文筆面で強力にワーグナーを支援してきたブレンデル宛にこう綴った——「ワーグナー。ワーグナーについて私はあなたに何と言えば良いのでしょう。ライプツィヒで最近彼と話しましたか？いま彼とはどんな関係ですか？……（中略）ベルリンを発ってから、我々は手紙を交わしていません。ブランディーヌの死後、彼から一筆も届いていないことには驚かされます！」（一一月八日付、Br. 2: 29）。それでも、「［ワーグナーに対して］忠誠であり続けることが、我々の責任であり務めでしょう」とも述べ、これまでの支援に対する自負とともに、今後も協力を惜しまない姿勢を明確にした。

その後一二月末になってようやく、一月末にウィーンで《トリスタン》を上演するという一報をワーグナーから受け取ったリストは、失望の口調でブレンデルに宛てた——「ヴァイマルで彼のために確実な場を設けようという努力は無駄に終わりました」（一二月三〇日付、Br. 2: 35）。リストは数年前からヴァイマルや音楽祭が開かれるカールスルーエに焦点を絞って、《トリスタン》の初演実現に向けて奔走していたが、ワーグナーからの久々の手紙で、ヴァイマルのような小さな町での上演には興味がなかったことを知る。

ワーグナーはその後再び、リストの前から姿を消す。リストは一八六三年五月八日付のブレンデル宛の手紙で叫ぶ——「ワーグナーは何処に？　ヴァイマルあるいはほかの場所でのトリスタン、ニーベルング、マイスタージンガーの上演はどうなっているのでしょう？　この件について、何か知らせて下さい」（Br. 2: 39）。

両者の関係にさらなる追い討ち、そして決定的な打撃を与えたのは、もちろんコージマの問題である。一八六四年秋にワーグナーとの関係を聞かされたリストは、一八六七年の一〇月になってルツェルン近郊、トリープシェンのワーグナーを訪問し、問題解決に挑んだ。しかし結局は何の成果も得られなかったどころか、一八七二年までの五年間、両者は完全に絶交状態に入ることとなった。

ワーグナーと直接対峙した一八六七年に取り組まれた編曲が、意味深長にも、《イゾルデの愛の死》だった。それは《タンホイザー序曲》同様の緻密で精緻な手法により、演奏効果としての響きの近似を追及する演奏至難の傑作である。リストが独自に付与した四小節の即興風の導入は、「愛の歌の動機」が現れる原曲の第二幕第二場〈愛の二重唱〉からの引用で、ヴァイマル古典主義財団が所蔵する自筆譜からは、リストがこの部分を少なくとも三度書き直していたことが分かっている[8]。

この前奏の是非をめぐっては、こんにちなお賛否両論を巻き起こしているが、この編曲におけるもっとも独自な点は、「イゾルデの愛の死 Isoldens Liebestod」というタイトル、そしてそのタイトルを導いたこの編曲のドラマ的内容にあるように思われる。ワーグナー自身が後に、冒頭部分を「愛の死」、最終場面をイゾルデの「変容」と呼んだことを踏まえると、リストの「愛の死」は、原曲ドラマに対する「一層独自の」解釈と捉えられる。また、原曲の第三幕最終場面でトリスタンは亡骸として舞台上に存在するが、リストの編曲では不在となる。ピアノ編曲でこうした視覚的不在は確かに不可避だが、ジョナサン・クレガーはこの点について、「編曲の聴き手にとっては、死によるイゾルデの変容という意味全体のほとんどが失われる」と指摘する[9]。

さらに、リストはほとんど不可能に思われるオーケストラのあの分厚いテクスチュアをほぼ拾い上げた一方で、そこに織り込んだイゾルデの歌唱旋律はわずか二小節にすぎなかった。イゾルデの存在自体が完全に副次的、あるいはほとんど消えかけそうなリストの「愛の死」は、「Gib die Oper, wie sie ist」の精神に基づかないだけでなく、ワーグナーが呈した愛、死、変容とは根本的に異なる意味合いを持つにいたる。ピアノ二手用編曲の限界に挑むようなテクスチュアの厚みからは、原曲に真摯に追従するリストの姿勢が見てとれるが、ドラマ的観点においては、リストのこの作品に対する独自の読みが優先されている[10]。

ワーグナーと依然絶縁状態にあった一八七一年に取り組まれた《ニュルンベルクのマイスタージンガーより 静かな炉辺で》は、第一幕第三場のヴァルターの歌に基づく。前奏の拡大と後奏の追加以外に、主題モティーフが原曲を超える規模で、しかも即興風に展開されるなど、全体を通して装飾的でピアニスティックで、ヴィルトゥオーソ的な扱いが目立つ。また原曲のニ長調が一時的にロ長調に遠隔転調するなど、原曲の響きはリストの色彩に塗り替えられる。初稿を一八三〇年代にさかのぼるリストの《巡礼の年》シリーズのロマン的ピアノ曲を思い起こさせる煌めきと流麗な旋律美で彩られたこのヴァルターの歌は、原曲より一層華麗で装飾的な「ピアノ曲」となる。

翌一八七二年早々、米国議会図書館所蔵の自筆譜によると「一月二日」の日付が記された《オランダ人よりバラード》が完成した。ワーグナーがドレースデンでそのオペラを初演したのは一八四三年の一月二日だったことから、リストはちょうど二九年後の記念日に仕上げたことになる。空虚五度音程の挿入位置を変更したり主旋律に付点を付与したりと、リストは原作を躊躇なく「修正」する。また移行部では別の場面（例えば第三幕の結尾や第八場）からの引用を挿入するなど、リスト独自の扱いは音楽面とドラマ面双方に及ぶ。結尾では、原曲には現れない減五度（三全音）関係を含む大胆な転調の繰り返しでクライマックスを演出するなど、技巧的でピアニスティックな「リストの方法」が圧倒する。

そしてこの年の夏、ワーグナーとリストは和解に至る。

《ニーベルングの指環》から唯一の編曲となった《ヴァルハルより》は、第一回バイロイト音楽祭における四部作の「序夜」としての初演を半年余り前にした一八七五年一二月に完成し、その数か月後の春に出版された。リストが六年前のミュンヘン初演を聴いていたことを踏まえると、この編曲は《指環》全曲初演を見据えた出版とも考えられる。〈ラインの黄金〉第一場最終の間奏曲を前奏として用いたのち、「ヴァルハルの動機」がさまざまな調で現れ、原曲最終場に登場する「剣の動機」が挿入される。その後は再び「ヴァルハル」が回帰し、さいごはリストが独自に追加した七小節の後奏で神々しく終える。ここでもまた、リストは原曲ドラマを独自に読み解き、ピアニスティックな扱いで再構築したのだった。

リストのワーグナー編曲のさいごを飾るのが、一八八二年夏のバイロイト滞在中に取り組まれた《パルジファルより聖杯への厳かな行進》である[11]。この編曲もまた、七月二六日の原曲初演を機に作成されたものだった。鐘の動機、聖杯の動機など幾つかの断片的動機が散りばめられた魔訶不思議な響きと構成による一五九小節の小品は、《灰色の雲》(一八八一)や《R・W・ヴェネツィア》(一八八三)など、一八八〇年代、リスト晩年のピアノ曲に共通する内向的であいまいな調性感を醸し出す。作品番号上は編曲に分類されるが、ワーグナーのモティーフを手がかりにしたリストのピアノ・オリジナル曲と言って良いだろう。リストはこのさいごの取り組みで、もっとも独特でもっとも独自な「編曲」を生み出し、一八四九年以来取り組んできたワーグナー・プロモーションに幕を下ろした。

おわりに

三〇年以上もの期間にわたり、リストは友人であり同志であり、尊敬する芸術家でもあったワーグナーのほとんどすべての作品の編曲に取り組んできた。その多くは世紀前半のオペラに基づくもので、《タンホイザー》と《ローエングリン》だけで合計八曲、全一五曲の半数を占める。一方で、楽劇の理論にもとづく作品に関しては四曲しか仕上げておらず、超大作《ニーベルングの指環》四部作からは、〈ラインの黄金〉の一部のモティーフに基づくわずか八七小節の《ヴァルハル》にとどまった[12]。リストの最高の関心は、世紀前半のオペラ、厳密には《タンホイザー》と《ローエングリン》——しかも、その器楽曲——にあったように思われる。

リストがヴァイマル宮廷楽長としてワーグナー作品の普及の使命を帯び、その活動に専心した一八五〇年代前半の編曲は、原曲の音楽的内容の尊重を基本に取り組まれていた。しかし一八五〇年代末、具体的には五九年の《リエンツィ幻想曲》を分岐点に、明らかな変化が認められるようになっていく。その要因としては、宮廷楽長の辞任、ワーグナー作品の普及、ワーグナーとの人間関係の変化など、さまざまな理由が思い浮かぶ。一八五〇年代前半と違って、リストの編曲に興味を示さなくなっていた原曲者による「検閲」もなくなったことで、「Gib die Oper, wie sie ist」の呪縛から解放され、より自由なアプローチが可能になったことも否定はされないだろう。

しかしもっとも決定的な契機は、宮廷楽長という社会的ポストからの退任にあったのではないだろうか。以降、宮廷の公式行事を通してワーグナー作品の普及に従事する機会も義務もなくなったリストは、原曲普及の使命に束縛されることなく、自身が原曲の解釈者そして創造者になっていったのだった。一八五九年以降の取り組みにおいて、リストはワーグナーを解釈する。そして場合によっては、意図的な誤読による創造的修正をもいとわない。

しかし他方で、こうした外的状況の影響を受けることなく、一五曲すべてに一貫して横たわるリストの編曲美学も確認される。それはリストがこれらの編曲において、壮大なワーグナー作品のある特定の場面を一つの「完結した作品」に仕立て、すべてをリスト独自の「ピアノ曲」として扱ったという点に表れている。

振り返ってみれば、一八五一年にワーグナー作品の紹介と擁護を目的に出版した長大なエッセイ『ローエングリンとタンホイザー』には、一連の編曲をそのような形で生み出すに至るリストの基本的考えがすでに示されていたように思われる。リストは《タンホイザー》の序曲について、次のように述べていた――

この偉大な序曲は完全な交響的統一体を成していて、オペラから切り離れた、独立した作品と見なされうる。(中略)〔序曲の〕本質を理解するのに、説明されるテクストは何も必要ではない。後につけ加えられることばに通じている必要はない。(中略)ワーグナーは同じ着想でもって、二つの異なる作品〔=序曲とそのほかの部分〕を創作した。そして双方とも筋が通った、完成した、そして互いに独立した作品となっている。したがって両者を切り離したとしても、互いの意味合いを損ねるという危険を冒すことにはならないだろう。[13]

この記述からは、ことばの助けを借りずにそれ自体で統一体を成すという「序曲」に、作品としての最高の理想を見出すリストの音楽理念が読み取れる。一八五〇年代前半の両者の蜜月な関係とは裏腹に、《タンホイザー》序曲をロマン的言語で語るリストと、絶対芸術の不可能さを確信するワーグナーが追及する音楽のあり方は相いれない。

また、その後一八五四年末に執筆したエッセイ

「ラインの黄金」でも、楽劇こそがベートーヴェンの交響曲の真の後継者であるというワーグナーの主張、そして総合芸術の理論を、リストは完全に無視していた[14]。

　リスト晩年のピアノ・レッスンでの様子を、弟子のひとりが次のように書き留めている――「マエストロはメトロノームで速度を確認し、巡礼の合唱をかなり早めの速度で演奏した。第一九六小節のヴェーヌスのアリアでは、スリリングなスタイルで旋律をひいた。〔リストは〕明らかに上機嫌で曲全体を聴き、そして言った――『さて、自分でこう言いましょう。このアレンジメントは悪くないです。（中略）いまやほかの人たちも上手くひいていて、ずいぶんと演奏されるようになりました』」[15]。リストは友人にして尊敬するワーグナーの音楽を、自身が知り尽くしたピアノの楽器で、ピアノ曲として演奏することに至高の喜びを感じている。

　リストは三四年の取り組みのなかで、自身の社会的立場の転換を機に編曲の手法を変化させ、「auf meiner Art」の度合いを強めていった。その一方で、リスト独自の編曲美学は一五曲すべてに一貫して示されていた。オペラ上演におけるワーグナーの忠告「Gib die Oper, wie sie ist, streiche nichts !」に反して、ある特定の場面を取り出し、解釈し、修正し、創造し、それをピアノによる純粋器楽曲に仕上げたリストの一連の行為は、序曲に象徴される自身の器楽的理想を具現化したものだったのだろう。

◉書簡——

※冒頭に略号を示す

Br. L. : La Mara, ed. 1893. *Franz Liszt's Briefe*. 8 vols. Leipzig.

Br. W.-L. : Kloss, Erich ed. 1900. *Briefwechsel zwischen Wagner und Liszt*. 2 vols. Leipzig.

Br. L.-A. : La Mara, ed. 1909. *Briefwechsel zwischen Franz Liszt und Carl Alexander*. Leipzig

◉注——

1　ヘルムート・ロースは一九世紀のピアノ編曲について論じるなかで、「『編曲』の体系化にあたってもっとも困難なのは、その編曲自体にあるのではなく、その名称にある」と述べている（Helmut Loos, “Liszts Klavierübertragungen von Werken Richard Wagners. Versuch einer Deutung,” in *Franz Liszt und Richard Wagner*, ed. by S. Gut, (München, 1983), 16）。

　事実、編曲に関する専門用語、例えば“Bearbeitung”“Übertragung”“Arrangement”“Transkription”を独語以外の言語に「正確に」翻訳するのはほとんど不可能に思われるが、だからと言って、原語の区別も明確なわけではない。

　リストによるワーグナー編曲の各初版譜においても“Conzertparaphrase”“Phantasiestück”“Transkription”など、さまざまな名称が付与されている。これらの概念については、拙稿「リストによるヴァーグナーのオペラ編曲法と『トランスクリプション』、『アレンジメント』、『ピアノ・スコア』の独自名称」『静岡文化芸術大学研究紀要』一五号（二〇一五）、57-66）で議論し、『リスト新全集』の分類法や音楽学研究における一般的概念とはむしろ逆に、リストは「自由」な手法の編曲を「トランスクリプション」、そして自由な扱いを施してはいない編曲を「アレンジメント」と呼び、両名称を明確に区別していた可能性を指摘した。

2　リストの編曲に関する先行研究はオリジナル作品と比べると決して多くはないが、本稿ではとくに以下の論文から有益な情報を得た。Ursula Hirschmann, “Die Wagner-Bearbeitungen Franz Liszts,” in *Ricahrd Wagner und die Musikhochschule München*, ed. by T. S. Grey (Regensburg, 1983), 103-121. Dorothea Redepenning, “‘Zu eig'nem Wort und eig'ner Weis ...’ Liszts Wagner-Transkriptionen,” in *Die Musikforschung* 39 (1986): 305-317. Egon Voss, “‘approprier à ma façon’: Liszts bearbeitungen Wagner'scher Opernmusik,” in *Wagnerspectrum* 7 (2011), 41-57.

3　Alan Walker, *Hans von Bülow: A Life and Times* (New York, 2010), 54.

4　その二日後には、*La Musique. Gazette de la France musicale* にわずかな修正を加えたリプリント版が掲載された。

5　これらの編曲は結局、ライプツィヒのB＆Hから出版された。

6 リストは、一八五〇年代を通してワーグナー擁護派の筆頭だったブレンデルが何かしらの情報を得ているのではないかと期待したのだろうが、NZの編集方針に不満を持っていたワーグナーとブレンデルの関係はすでに五〇年代半ばまでに疎遠になり、以降、書簡のやり取りはほぼなくなっていた。James Deaville, "Franz Brendel: ein Neudeutscher aus der Sicht von Wagner und Liszt," in *Franz Liszt und Richard Wagner*, ed. by S. Gut (1986, München), 36-47.

7 スラーの位置、音符の桁の向き、強弱記号、アクセントなどの細かな違い、そしていくらか簡素化された演奏難度は、明らかに別の時期に、新たに取り組まれたものであることを示している。

8 Kenneth Hamilton, "Wagner and Liszt: Elective Affinities," in *Richard Wagner and His World*, ed. by T. S. Grey (Princeton, 2009), 35.

9 Jonathan Kregor, *Liszt as Transcriber* (Cambridge, 2010), 183.

10 リストの解釈が原作とは異なる例は、ワーグナー以外のオペラ編曲では実は珍しくない。例えば《ノルマ追想》（一八四一）は原作が悲劇なのに対し、リストは英雄調の凱旋的クライマックスで終結させる。

11 同年一二月に完成するヴェルディの《シモン・ボッカネグラ追想》が、リストの編曲人生の最終作となる。

12 リストがそれらの曲を初演当時まで知らなかったわけではない。一八五〇年代半ばにはワーグナーから《ラインの黄金》のスコアを受け取っており、また四五歳の誕生日にはチューリヒで《ワルキューレ》の一部をピアノで演奏していた。

13 Liszt, "Tannhäuser," in *Sämtliche Schriften*, vol. 4, ed. by D. Altenburg (Wiesbaden, 1989), 108.

14 Liszt, "Richard Wagner's Rheingold," in *Sämtliche Schriften*, vol.5, (Wiesbaden, 1989), 115-117.

15 Richard Zimdars, trans. and ed., *The Piano Master Classes of Franz Liszt, 1884-1886: Diary Notes of August Göllerich*, (Bloomington 1996), 54. 一八八四年六月三〇日、ヴァイマルでのレッスンにて。

特集　ワーグナーの呪縛（2）

映画『ニーベルンゲン』とワーグナー

江口直光

一九世紀末に産声を上げた映画は、第一次世界大戦中から戦後にかけて、広汎な層に訴えかけるマスメディアの花形としての地位を確立した。とりわけドイツでは、いわゆるヴァイマル期（一九一九－一九三三）に映画産業が勢いづく。ドイツ映画は国際的にも評判を呼び、黄金時代と称しうるような活況を呈した。このヴァイマル期ドイツ映画を代表する作品のひとつとして、『ニーベルンゲン』が挙げられる。

ウィーン出身で、すでにドイツを代表する映画監督としての地位を築いていたフリッツ・ラング（一八九〇－一九七六）の監督によるサイレント映画『ニーベルンゲン』は、一年半の製作期間と八百万ライヒスマルクという当時としては異例の時間と費用をかけて製作された超大作である。映画は二部からなり、第一部《ジークフリート》は一九二四年二月一四日に、第二部『クリームヒルトの復讐』は同年四月二六日にベルリンの映画館ウーファ・パラスト・アム・ツォーで公開された。とくに第一部の公開は「国民的事件」[1]と呼びうるほどの注目を集め、保守層を中心に喝采を博すとともに、興行的にも成功を収めた[2]。以下では、この映画『ニーベルンゲン』とリヒャルト・ワーグナー（一八一三－一八八三）の音楽劇四部作《ニーベルングの指環》（以下《指環》と略記）との関連を探ってみたい。

映画の梗概は以下のようなものである[3]。

第一部：ニーダーラントの王子ジークフリート

は、鍛冶の名匠ミーメのもとで剣の鍛造を学んでいた。切れ味鋭い剣をみずから鍛造したジークフリートは、ふと耳にしたブルグント族の美しい王女クリームヒルトに求婚するために、ミーメのもとを出立する。泉のほとりで巨大な竜に出会ったジークフリートは、激しい戦いの末に剣を振るってこれを退治する。手についた竜の血をなめて小鳥の声を理解できるようになったジークフリートは、小鳥に教えられて竜の血を浴び、不死身の体となる。だが、そのとき一枚の葉が肩の間に落ちかかったため、その場所だけが竜の血に触れず、彼の急所となる。ライン河畔のブルグント族の都ヴォルムスの宮殿では、国王グンター、王女クリームヒルトら王族たちが吟遊詩人フォルカーの語る物語を聞いている。それは、勇士ジークフリートが竜を退治し、ニーベルング族の王アルベリヒを討って彼らの財宝を手に入れたという物語であった。そのときジークフリート本人が到着し、クリームヒルトへの求婚の意を伝える。クリームヒルトは二羽の鷲が鷹を襲う夢を見ていたことから、不吉な予感を抱く。クリームヒルトとの結婚の見返りに、グンターがイーゼンラントの女王ブルンヒルトを妃に迎える手助けを臣下として果たすよう求められたジークフリートは最初は拒絶するが、クリームヒルトが姿を見せると態度を一変させ、協力を申し出る。勇猛なブルンヒルトは求婚者に武技試合を挑み、自分に勝つことを求めている。ジークフリートはアルベリヒから得た隠れ蓑で姿を隠して助太刀し、グンターは勝利を収める。誇り高いブルンヒルトは、自分の負けを納得することができない。グンターとブルンヒルト、ジークフリートとクリームヒルトの二組の結婚式がヴォルムスで挙行される。グンターとジークフリートは兄弟の契りを結ぶ。その夜、グンターは再び隠れ蓑を着たジークフリートの助けを借りて、抵抗するブルンヒルトを名実共に妃とする。ジークフリートがその際にブルンヒルトから奪い取った腕輪を、クリームヒルトは衣類の中から発見する。ジークフリートは妻にいきさつを打ち明ける。しばらく後、ブルンヒルトとクリームヒルトはいさかいを起こし、クリームヒルトは怒りのあまり、ブルンヒルトの初夜の秘密を暴露してしまう。侮辱に耐えかねたブルンヒルトは、ジークフリート殺害を要求する。グンターは最初は拒否するが、ブルンヒルトがジークフリートに凌辱されたと虚言を弄すると、ジークフリート殺害を命じる。グンターの忠臣ハーゲンはジークフリートを守るためと称して、クリームヒルトに彼の衣服の急所にあたる箇所に印を付けさせる。狩りの最中にジークフリートが泉で水を飲もうとした時、ハーゲンは背後からジークフリートの急所を狙い、槍で刺し貫いて殺す。グンターがジークフリート殺害を報告すると、ブルンヒルトは自分の嘘を信じて忠実な友人を殺したと言ってグンターを嘲笑する。グンターは激しい後悔にかられる。ハーゲンがジークフリートを殺したことを知ったクリームヒルトは、ハーゲンを罰するよう迫るが、グンターも他の王族たちも応じない。復讐を誓ったクリームヒルトは聖堂に赴き、祭壇前に安置されたジークフリートの遺体の傍らで自刃して果てたブルンヒルトを発見する。

第二部：辺境伯リューディガーがヴォルムスを訪れ、フン族の王エッツェルがクリームヒルトとの結婚を望んでいるとグンターに伝える。クリームヒルトはいまだ悲しみに暮れており、ハーゲンやグンターを許していない。リューディガーはクリームヒルトに、彼女を侮辱する者がいればエッツェルは必ず罰するだろうと請け合う。クリームヒルトはリューディガーとエッツェルの名においてそれを誓うよう求め、リューディガーは応じる。一方、ハーゲンはジークフリートがヴォルムスにもたらしたニーベルング族の財宝を奪い、クリームヒルトに復讐のための費用として使われることのないよう、ライン河に沈める。これを聞いたクリームヒルトはエッツェルとの結婚を承諾し、故郷を離れる前にジークフリートが殺された泉のほとりをもう一度訪れて亡夫の血が染み込んだ土を拾い集め、いつの日かそれにハーゲンの血も染み込ませることを誓う。クリームヒルトはフン族の国で丁重に迎えられる。クリームヒルトはエッツェルに求婚の際の誓いを本当に果たすつもりがあるかどうか尋ね、エッツェルは彼女を侮辱する者は死をもって罰すると誓う。やがてエッツェルとクリームヒルトの息子が誕生する。クリームヒルトは自分の兄弟たちを招くようエッツェルに求める。ブルグント族の一行がフン族の国に到着すると、クリームヒルトはエッツェルに誓いを思い起こさせ、前夫の殺害者ハーゲンを討つよう求めるが、エッツェルは客人を殺すことはできないと拒む。そこでクリームヒルトはひそかにフン族の男たちに褒賞を約束し、ハーゲンを討ち取るよう命じる。翌日、宮殿の大広間で祝宴が催される。大広間の外の宿舎では、クリームヒルトの命を受けたフン族の男たちがブルグント族の従者たちを襲撃し、戦いの火蓋が切られる。戦いが大広間の中にも及ぶと、ハーゲンはエッツェルとクリームヒルトの息子を殺害する。目の前で息子を殺されたエッツェルは、全面的な戦いを決意する。大広間に立てこもったブルグント族をフン族は外から攻撃するが、戦いはなかなか決着がつかない。大広間の中の肉親から無益な殺し合いをやめるよう求められたクリームヒルトは、その条件としてハーゲンの引き渡しを求めるが、ブルグント族は応じない。クリームヒルトは宮殿に火を放つよう命じる。火はたちまちのうちに燃え広がる。中に閉じ込められたブルグント族は、それでもハーゲンを引き渡そうとしない。大広間の中からフォルカーの最後の歌が聞こえてくる。ほとんどのブルグント族が犠牲となった後、ハーゲンとグンターが大広間の外に引き出される。クリームヒルトはハーゲンに財宝の在り処を教えるよう求めるが、ハーゲンはブルグントの王族がひとりでも生きている限り明かさないと答える。そこでクリームヒルトはグンターを殺させ、その首をハーゲンに示す。しかし、ハーゲンが口を割らないため、クリームヒルトはみずから剣でハーゲンを切り殺す。クリームヒルト自身も、彼女の残忍な所業に憤激した武将ヒルデブラントに背後から剣で刺されて絶命する。エッツェルは、妻の遺体をジークフリートが眠るライン河のほとりに運んでいくよう命じる[4]。

以上のあらすじからも明らかなように、映画『ニーベルンゲン』は《指環》を映画化したものではない。その主要な原典は一三世紀初めに成立した作者不詳の叙事詩『ニーベルンゲンの歌』(以下『歌』と略記)であり、映画は『歌』のストーリーを大筋においてなぞっている。『ニーベルンゲン』はほぼ同じ長さの二部に分かれ[5]、さらにそのそれぞれが七つに区分されているが(各部は「歌」Gesangと称されている)、このシンメトリカルな構成もまた、慣例的にほぼ同じ長さの前編・後編からなるとみなされる『歌』に倣ったものといえる。さらに、脚本担当としてクレジットされている当時ラング夫人であったテア・フォン・ハルブー(一八八八－一九五四)が、脚本執筆にあたり「(前略)あるひとつの伝承に忠実な創作」ではなく、「あらゆる伝承から

――その数は思いもよらないほど多い！――、精華をつまみとり、それらを融合して再びひとつのまとまりとしてかたちづくる」ことを目指したと述べているように[6]、『ニーベルンゲン』は『歌』と関連する種々の伝承（『古エッダ（詩的エッダ）』、『ヴォルスンガ・サガ』など）、および『歌』にもとづいて後世に創作された種々の作品（たとえばフリードリヒ・ヘッベル作の戯曲三部作『ニーベルンゲン』［一八六一年初演］）に由来するモチーフを利用している[7]。また、セットや衣装のデザイン、映像の構図などには、絵画や建築など古今のさまざまな図像が取り入れられている[8]。

　映画『ニーベルンゲン』のそうした典拠のひとつに、《指環》があることは疑いない。一九世紀から二〇世紀初めにかけて『歌』はドイツの「国民的叙事詩」とみなされるようになり、『歌』を題材とする文学・舞台・造形作品の創作も盛んに行なわれた[9]。一八七六年に初演された《指環》もそのひとつに数えられるが、一九世紀末から二〇世紀初めのドイツでは、とくに知識階級において《指環》は多数の『歌』関連作品の中で圧倒的な知名度を誇っていた[10]。ラング自身はワーグナーを好まなかったと伝えられるが[11]、《指環》のプレゼンスを無視することはできなかったようだ[12]。

　とりわけ以下のふたつの場面は、『ニーベルンゲン』と《指環》の関係を考察するうえで示唆に富んでいる。ひとつめは第一部の冒頭、ジークフリートが剣を鍛造する場面である。ここでジークフリートは上半身裸でたくましい肉体をさらしながら、金床の上に載せた刃金をハンマーで力強く叩いて作業を進める[図1]。この場面は、《指環》の第三部《ジー

図1
Fritz Lang: Die Nibelungen. Restaurierte Fassung. Edition Murnau Stiftung. Universum Film GmbH. 2013 (DVD)

クフリート》第一幕の幕切れと酷似している。だが、《ジークフリート》では、父の形見である折れた名剣ノートゥングの再生に成功したジークフリートが切れ味を試そうとしてノートゥングを打ちおろすと金床が真っ二つに割れ、ミーメを驚かすという力感みなぎる情景が展開されるのに対し、『ニーベルンゲン』ではミーメが剣のできばえを目視で確認した後、空中に吹き上げた羽毛を静止させた剣の上に落とし、剣の刃にあたった羽毛が真っ二つになることによってその切れ味が確かめられる[図2]。こうして、観客が《ジークフリート》におけるようないっそうの高揚を予期していたとすると、それと正反対の静的な映像を目の当たりにしてあっけにとられることになる。このみごとな肩すかしから、ジークフリートの人物像と結びついたこれみよがしの力の誇示を揶揄する批判的な視点を読み取ることもできるだろう。私見では、『ニーベルンゲン』第一部にはポジティヴな英雄としてのジークフリート像を脱構築するさまざまな仕掛けが施されているのだが[13]、これはその皮切りと言える。

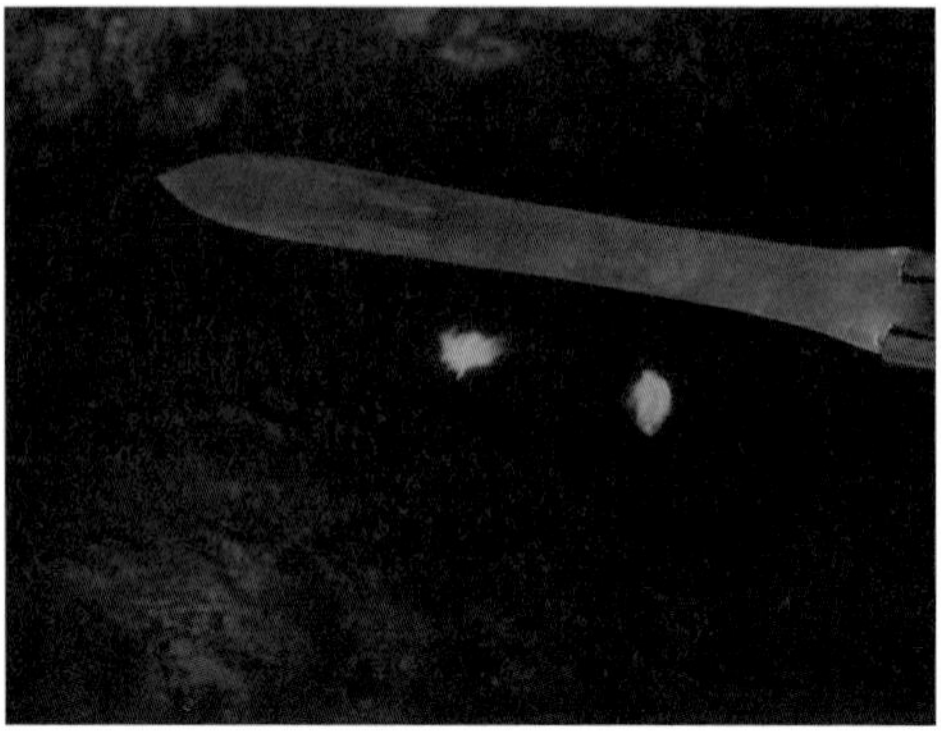

図2
Fritz Lang: Die Nibelungen. Restaurierte Fassung. Edition Murnau Stiftung. Universum Film GmbH. 2013 (DVD)

図3
Fritz Lang: Die Nibelungen. Restaurierte Fassung. Edition Murnau Stiftung. Universum Film GmbH. 2013 (DVD)

もうひとつは『ニーベルンゲン』第二部の末尾、ブルグント族がたてこもるエッツェルの宮殿大広間に火が放たれ、炎上する場面である[図3]。めらめ

図4
Fritz Lang: Die Nibelungen. Restaurierte Fassung. Edition Murnau Stiftung. Universum Film GmbH. 2013 (DVD)

らと火が燃え広がり、焼け落ちようとする建物の中から吟遊詩人フォルカーの最後の歌が聞こえてくる。建物の外ではクリームヒルトをはじめとする人々がこの光景を見つめ、歌に聞き入っている［図4］［14］。この場面は、《指環》の最終部《神々の黄昏》の幕切れと対応している。《神々の黄昏》では、焼け落ちて瓦礫となったギービヒ家の館の跡に人々が集まり、天上で神々の城ヴァルハルの大広間が炎に包まれる様子に見入る中、「愛による救済の動機」と呼ばれることの多い音楽がオーケストラによって奏でられて幕が下りる。この幕切れの音楽を何と名づけようとも、変格終止によって醸し出される浄化のムードとともに、破局からの再生への希望がほのかに鳴り響いていることは疑いない。他方、《指環》の主要登場人物の中で命を落とさないのは、炎に姿を変えた火の神ローゲを除けば三人のラインの娘とアルベリヒだけであり、これは《指環》第一部《ラインの黄金》冒頭の登場人物と一致する。このようにして結末が冒頭に接続され、物語がひとたび終わってもいつかまた同様の物語が繰り返されるという予感を抱かせる。指環の形状によって象徴される物語構造のこのような円環性が、《指環》の特質である。これに対して『ニーベルンゲン』では主要登場人物の多くが命を落とし、生き延びるのはエッツェルなどごくわずかである点は《指環》と同様だが、再生や反復とは無縁であり、生者たちの悲嘆のうちに幕を閉じる。つまりは、死と破滅へ向かって一直線に突き進む不可逆性が『ニーベルンゲン』を特徴づけている［15］。なお、『ニーベルンゲン』のブルグント族が直接的には《指環》のギービヒ家に相当することは明らかだが、ハーゲンを引き渡せば他の者は解放するというクリームヒルトの呼びかけに応じず、けっして互いを見捨てずに死に至るまでの信義・忠誠をかたくなに貫いたがゆえに滅び去るブルグント族はむしろ、法と契約によって保障される権力に執着して愛を喪失したがゆえに滅亡する《指環》の神々の一族と相通じるところがあるように思われる。

以上のいずれも、『歌』および関連する伝承群に直接相当する場面は含まれていないことから、断定はできないものの、《指環》を下敷きにした可能性が高い。しかしながら、《指環》からの引用とおぼしき要素にひとひねりを加え、異化を施すことによって、どちらの場面も《指環》のたんなるコピーにはなっていない。しかもそうした場面を映画の冒頭と末尾に置いていることは、ワーグナーおよび《指環》に対する並々ならぬ意識の反映とみなせるだろう。

次に登場人物の造形に注目してみよう。共通の素材にもとづいている以上、ジークフリートやハーゲン、グンターなど両作品に共通する主要な登場人物に類似点が認められるのは当然だが、この点で特筆に値するのはアルベリヒである。アルベリヒも両作品に登場するが、その存在感には大きな相違がある。《指環》では、アルベリヒは物語のキーアイテムである指環を作り出し、それを奪われてからは奪還を目指し続ける。アルベリヒの指環に対するこの執着が物語を動かす推進力になっており、登場する場面はさほど多くなくても、アルベリヒはいわば四部作の影の主役と呼びうるきわめて重要な存在である。これに対して『ニーベルンゲン』では、アルベリヒは第一部にほんの一〇分程度しか登場せず、ジークフリートを二度にわたって襲い、二度目に返り討ちにあった後は、物語世界から消え去ってしまうといっても過言ではない。他方、『ニーベルンゲン』においても《指環》においても、アルベリヒは異形の小人として造形されている点は同様だが、そこにはさらなる共通の含意が認められる。

『ニーベルンゲン』では、アルベリヒの外見で最も目立つ点は鉤鼻である［図5］。周知のように、鉤鼻はユダヤ人の最も顕著な身体的特徴として通用していた。また鉤鼻以外にも、身体と比してアンバランスなほど長い両腕、曲がった背中、鉤爪のような爪と長い手指など、アルベリヒの容姿は独特である。これらもまた、ユダヤ人は身体的欠陥ゆえに兵士として不適格な劣等国民であるという第一次世界大戦時に流布した反ユダヤ的偏見とかかわっているという[16]。このようなアルベリヒをユダヤ人の表象と解しうることは、映画公開当時の批評においてすでに指摘されていたうえ[17]、ラング自身も後年その可能性を排除していない[18]。では、アルベリヒをユダヤ人とみなされるように描くアイデアをラングはどのようにして得たのだろうか。『歌』および関連する伝承群の中に、アルベリヒをユダヤ人として扱っているものは見当たらない。ここで想起されるのが《指環》のアルベリヒである。アルベリヒをはじめとするワーグナー作品におけるネガティヴな登場人物の多くをユダヤ人のカリカチュアと解しうることは現在では広く知られており、『ニーベルンゲン』の制作・公開当時にもある程度認知されていたと想定される[19]。したがって、アルベリヒの造形に際してラングがワーグナーに倣ったと断定することはできなくても、ヒントを得た可能性は十分あるだろう。ただし、《指環》ではアルベリヒのユダヤ人のカリカチュアとしての本質は、その外見や音楽的特徴（早口でまくし立てるような歌唱など）よりむしろ、強欲に私利私欲を追求する利己的な姿勢に集約されているように思われる。これは、鉤鼻と並ぶユダヤ人の典型的イメージであった「高利貸し」と結びついている。他方、『ニーベルンゲン』でもアルベリヒは財宝の持ち主として登場するが、自身の所有物にそれほど執着しているようには見えない。

『ニーベルンゲン』におけるユダヤ人のカリカチュアとしてのアルベリヒについては、アメリカの映画・オペラ研究者デイヴィッド・J・レヴィンの見立てが有益な情報を与えてくれる。レヴィンが着

図 5
Fritz Lang: Die Nibelungen. Restaurierte Fassung. Edition Murnau Stiftung. Universum Film GmbH. 2013 (DVD)

目するのは、アルベリヒがジークフリートを財宝の保管場所である洞窟の奥に誘導する際に、手に持った水晶玉を用いて巨大な王冠とその細工に携わるニーベルング族の映像を洞窟の壁に映し出す場面である［図6］。ジークフリートはその映像に夢中になって見入り、映像が消えると途方に暮れたような面持ちで立ち尽くす。こうしてジークフリートは、自分が目にしたものが人工的なイリュージョンであると認識していないことが暗示される。他の場面ではジークフリートにやられっ放しのアルベリヒが、この時だけは優位に立ち、映像によってジークフリートを幻惑する。やはり原典には見られないこの場面をレヴィンは、ユダヤ系が主流であったアメリカ、ハリウッドの映画産業が素朴なドイツ国民を翻弄するさまのメタファーと解する。つまり「アルベリヒはたんにスクリーン上のユダヤ人であるだけでなく、スクリーンをコントロールするユダヤ人」であり［20］、そこにはスペクタクルな大作で世界の映画市場を席捲しようとするハリウッド映画に対するラングの対抗意識が見て取れるという［21］。レヴィンのこのような興味深い説は、ラングがアルベリヒをユダヤ人と受け取られるように造形した意図を、一定の説得を持って説明してくれる。

図6
Fritz Lang: Die Nibelungen. Restaurierte Fassung. Edition Murnau Stiftung. Universum Film GmbH. 2013 (DVD)

『ニーベルンゲン』と《指環》には、表現手法においても共通点が認められる。『ニーベルンゲン』では、映像中の諸要素に象徴的な意味が付与されており、それらが異なる場面の映像間に相関関係を生み出し、一見無関係な細部を結び合わせている。一例をあげてみよう。『ニーベルンゲン』では、中世風の雰囲気を醸し出すためであろうか、サイレント映画特有の中間字幕が古いドイツ字体（Fraktur）

で記されており、各中間字幕の最初の文字には、字幕の内容ないしは話者に応じて統一的なデザインによるカリグラフィーが施されている。たとえば、ジークフリートには鷹、クリームヒルトには一角獣、ブルンヒルトには蛇［図7］、ハーゲンには狼といった具合である。さて、『ニーベルンゲン』第一部ではグンターが抵抗するブルンヒルトと初夜を行なう手助けをするために、ジークフリートは隠れ蓑でグンターの姿になってブルンヒルトを組み伏せるが、その際に彼女の左腕から腕輪を奪い取る［図8］。その目的は映像によっても中間字幕によっても説明されていないが、蛇がブルンヒルトを象徴するエンブレムとして用いられていることからすると、ジークフリートの行為はブルンヒルトに対する支配権を手にすることにほかならないと言える。事実、これ以後ブルンヒルトは観念したかのように、少なくとも表向きはグンターとの結婚とブルグント王妃としての地位を受け入れている。さらに、蛇はジークフリートによって倒された竜、およびハーゲンにもかかわっている。『ニーベルンゲン』に登場する竜はドイツおよびヨーロッパにおける典型的な竜のイメージと異なり、翼を備えておらず、その姿はむしろ大蛇と呼ぶにふさわしい。また、ハーゲンはつねに武具を身に着けて現れ

図7
Fritz Lang: Die Nibelungen. Restaurierte Fassung. Edition Murnau Stiftung. Universum Film GmbH. 2013 (DVD)

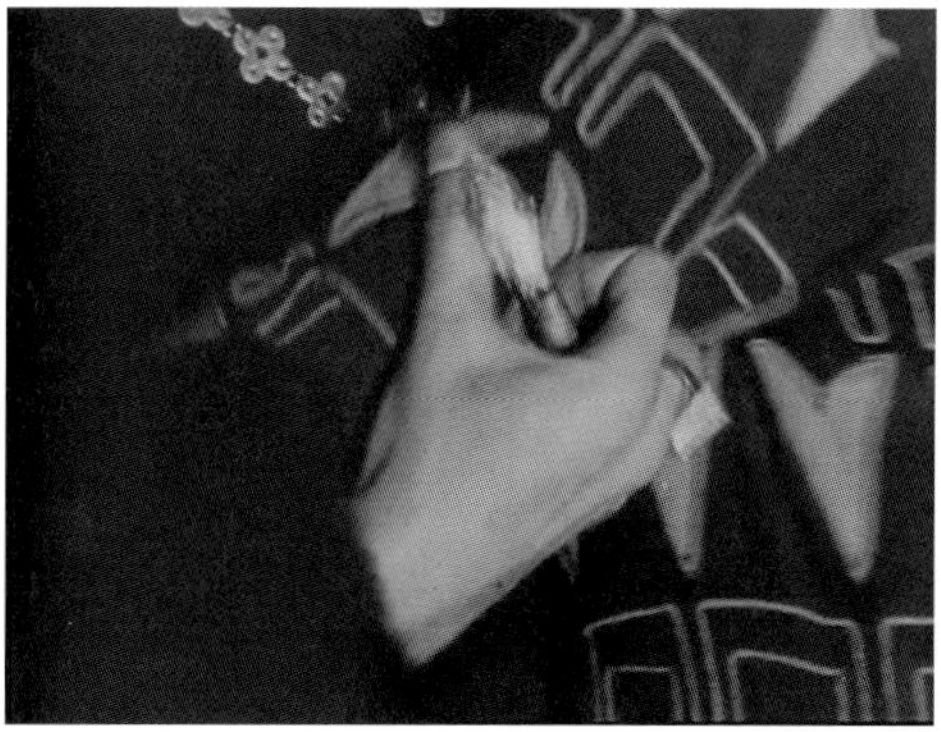

図8
Fritz Lang: Die Nibelungen. Restaurierte Fassung. Edition Murnau Stiftung. Universum Film GmbH. 2013 (DVD)

るが、その鎖帷子は爬虫類の鱗を思い起こさせる。こうして蛇という象徴を通じてジークフリートの暴力による犠牲者である竜とブルンヒルトがジークフリートの殺害者ハーゲンと結びつけられ、ジークフリートの死に因果応報という意味付けを可能にする[22]。

視覚上のライトモティーフと呼びうるこうした手法は必ずしも『ニーベルンゲン』特有のものではなく、ヴァイマル期のドイツ映画に広く見られるし、当時の映画理論でも提唱されていた[23]。したがって、これをワーグナーないしは《指環》に由来するとみなすことはできないが、ワーグナーによる音楽上のライトモティーフと通じるところがあるのは間違いない。

以上のように、ラングの映画『ニーベルンゲン』とワーグナーの《指環》はたんに共通の素材にもとづくというにとどまらず、個々の場面および人物の造形、そして表現技法という点で通底している。

映画『ニーベルンゲン』はドイツで公開された後、翌年にかけて国外の多くの国でも上映された。いくつかの国における公開時の状況をみると、《指環》ないしはワーグナーとの結びつきが作品の内実以上に強調されている点が目を引く[24]。たとえば、イタリアではタイトルが《ラインの黄金》と変えられた[25]。アメリカ合衆国では、一九二五年八月二三日に第一部が公開された際に「北欧のサガとワーグナーの指環オペラにもとづく（中略）大音楽劇映画」と謳われ、プログラム冊子にも「ワーグナーの不滅のスコアに伴われた音楽劇映画」と記されていた。さらに、中間字幕で「巨人ファフニールが竜の恐ろしい姿になって」とされるなど、《指環》を念頭に置いた措置が目立つ。この第一部のアメリカ公開時には、ドイツ公開時のオリジナル音楽[26]の代わりに、《指環》や他のワーグナー作品からの抜粋・編曲がライブ演奏され、さらに映画上映の前にプロローグとして《ジークフリート》第一幕幕切れの剣鍛造の場面がライブ演奏されるとともに、殺害されたジークフリートがヴァルキューレたちによってヴァルハルに連れていかれる場面が上映終了後にエピローグとしてライブで演じられたという[27]。また日本では、第一部が一九二五年三月二〇日に東京で公開された際に、「楽聖リヒアルト・ワグナーの大楽劇より」とする新聞広告が掲載されている[28]。

世界各国における受容の状況を把握するにはさらなる調査が必要だが、少なくとも上記三ヶ国では、映画セールスのためのマーケッティング戦略の一環として、ワーグナーの呪縛が利用されていたことがわかる。

◉注——

1 Michael Töteberg: Fritz Lang mit Selbstzeugnissen und Bilddokumenten. Reinbek bei Hamburg (Rowohlt) 1985. S. 50.

2 Andreas Wirwalski: „Wie macht man einen Regenbogen?" Fritz Langs Nibelungenfilm. Fragen zur Bildhaftigkeit des Films und seiner Rezeption. Frankfurt a. M. (P. Lang) 1994. S. 16 u. 27 – 34.

3 以下は、公開時のプログラム冊子に掲載された梗概(Die Nibelungen [Programmheft], o. O., o. J., S. 17 – 24.)を参照しつつ、Fritz Lang: Die Nibelungen. Restaurierte Fassung. Edition Murnau Stiftung. Universum Film GmbH. 2013 (DVD) にもとづいて記述した。これはドイツ、ヴィースバーデンのフリードリヒ・ヴィルヘルム・ムルナウ財団がオリジナルのかたちに可能な限り近づけるべく、現存する多数のフィルムから修復し、二〇一〇年に公開したヴァージョンである(日本版未発売)。なお、日本版DVD『ニーベルンゲン』(フリッツ・ラング・コレクション　クリティカル・エディション六、紀伊國屋書店、二〇〇六年、現在は絶版)は、ミュンヒェンの映画博物館が一九八六年に公表した修復版にもとづいている。白黒の一九八六年版と異なり、二〇一〇年版はひとつの場面を除いて映像全体が黄色がかったオレンジ色を基調として染色されている他、映像の内容にも少なからぬ異同がある。たとえば、一九八六年版では第二部の結末でクリームヒルトがくずおれる理由がはっきり示されないが、二〇一〇年版では彼女が背後から刺殺される場面が収録されている。さらに二〇一〇年版は一九八六年版と比べて画質が圧倒的に優れており、公開当時の通常の映画館ではありえなかっただろうと思われるほど鮮明である。群衆シーンでも人々の表情や身振りがはっきり映し出され、各人物が個別の存在として描き分けられているように見える。この映像を目の当たりにすると、人物を事物のように扱っており、ナチスの美学を先取りする「人間的なものに対する装飾的なものの、完全な勝利」が認められるというジークフリート・クラカウアーのこの映画に対する有名な評言も、定説のようにみなされてはいるが、再考の余地があるように思われる（ジークフリート・クラカウアー著［平井正訳］『カリガリからヒットラーまで』［せりか書房、一九七一／八〇年］九五頁）。なお、二〇一〇年版の修復作業に関する詳細は以下を参照。Anke Wilkening: Fritz Lang's *Die Nibelungen*: A Restoration and Preservation Project by Friedrich-Wilhelm-Murnau-Stiftung, Wiesbaden. In: Journal of Film Preservation 79/80 2009. S. 86 – 98. http://filmarchives.tnnua.edu.tw/ezfiles/34/1034/img/412/27690779.pdf（最終閲覧二〇一八年四月二日）

4 公開時のプログラム冊子に掲載された梗概では、第二部の末尾において、エッツェルはクリームヒルトの遺体を両腕に抱え、燃え盛る大広間に身を投じることになっており（Die Nibelungen [Programmheft], a.a.O., S. 24.）、『カリガリからヒトラーまで』にも同じように記載されているが（前掲書、注3、九三頁）、現在入手できる映像にはそのような場面は収録されて」いない。

5 二〇一〇年版ＤＶＤにおける実際の時間（映画本編のタイトル・クレジットが示されてから終わりのクレジットが消えるまで）は、第一部二時間二七分三四秒、第二部二時間八分四九秒である。

6 Thea von Harbou: Vom Nibelungen-Film und seinem Entstehen. In: Die Nibelungen (Programmheft), a.a.O., S. 10. 本稿における欧語文献の邦訳は、とくに記さない限り、すべて本稿筆者による。

7 詳細は以下を参照。Stanley R. Hauer: The Sources of Fritz Lang's *Die Nibelungen*. In: Literature/Film Quarterly 18 1990. S. 103 – 110.

8 たとえば、ブルグント族の城にはバウハウスをはじめとするモダン建築の特徴が、ブルグント族の衣装や室内装飾には、ユーゲントシュティールの特徴が取り入れられている。

9 『歌』の受容については、石川栄作著『「ニーベルンゲンの歌」を読む』（講談社学術文庫、二〇〇一年）二三四－三〇二頁、および山本潤著『破滅の神話――近代以降の「ニーベルンゲンの歌」受容とドイツ史』、西山雄二編『カタストロフィと人文学』（勁草書房、二〇一四年）

二二一―二四五頁を参照。

10 『歌』の英訳書序文には、現在でも『歌』と《指環》が混同されているとして、次のように記されている。「専門家以外の人々の間でこの叙事詩が話題になるときにはつねに、ワーグナーに話が及ぶ。少なくともこの叙事詩の現代ドイツ語訳を読んだことがあると思われる教養あるドイツ人に、『歌』のストーリーを語るよう求めると、ワーグナーの《指環》の一部が入り込んでくるだろう。たとえその人が《指環》連作のうちひとつも観たことがなかったとしても」。Edward R. Haymes: Introduction. In: Das Nibelungenlied. Song of the Nibelungs. Translated from the Middle High German by Burton Raffel. New Haven & London (Yale University Press) 2006. S. XVIII.

11 Lotte H. Eisner: Fritz Lang. New York (Da Capo Press) 1976/1986. S. 408　および　Patrick McGilligan: Fritz Lang. The Nature of Beast. New York (St. Martin's) 1997. S. 103.

12 ラングは後年（一九六八年）、映画『ニーベルンゲン』において登場人物を「ワーグナー的なパトスから地上に引き下ろそうと」意図したと述べている。Lotte H. Eisner: Fritz Lang, a.a.O., S. 139.

13 拙著『映画「ニーベルンゲン」第一部におけるジークフリート像再考』、愛知文教大学国際文化学会編『愛知文教大学比較文化研究』第一四号（二〇一六年）一―一七頁を参照。

14 宮田眞治著『異郷にて――ラング「ニーベルンゲン」とストロープ＝ユイレ「階級関係」』、野崎歓編『文学と映画のあいだ』（東京大学出版会、二〇一三年）八三―一〇五頁には、この場面に関するメディア論的見地からの興味深い論考が収められている。

15 『歌』は元来、物語の後日譚を扱い、苦悩の克服と新たな出発を示唆する叙事詩『ニーベルンゲンの哀歌』とセットで伝承されていたが、近代以降は『哀歌』と切り離して単独で受容されるようになったという。すなわち、『歌』は元来は『ニーベルンゲン』と異なり、《指環》と似通った円環構造を想定していたことになる。山本潤著『破滅の神話』（注9）二二一―二三〇頁を参照。

16 Silke Hoklas: Alberich, Repräsentant der finsteren Mächte? Zum Bild des Jüdischen in Fritz Langs Nibelungen-Film. In: Juliane Sucker, Lea Wohl von Haselberg (Hg.): Bilder des Jüdischen: Selbst- und Fremdzuschreibungen im 20. und 21. Jahrhundert. Berlin / Boston (Walter de Gruyter) 2013. S. 57 – 76, hier S. 66ff.

17 「闇の力の代表、邪悪な小人アルベリヒは、紛れもなくユダヤ的に描かれている。むろんユダヤ的に美しくではなく、ユダヤ的に醜くである」。Frank Aschau: Die Nibelungen-Film. In: Siegfried Jacobsohn (Hg.): Die Weltbühne Der Schaubühne XX. Jahr. Wochenschrift

für Politik – Kunst – Wirtschaft. 1. Band (1924). S. 276. http://ciml.250x.com/archive/literature/german/1924_die_weltbuehne_1.pdf（最終閲覧二〇一八年四月二日）

18 ラング自身が監修を施したという評伝に、アルベリヒの外見は、ベルリンに来演中であったユダヤ系劇団のグロテスクなメイクの影響を受けたものと記されている。Vgl. Lotte H. Eisner: Fritz Lang, a.a.O., S. 79.

19 「黄金を奪い、目に見えず匿名で、人を搾取するアルベリヒ、肩をすくめて冗舌を弄し、うぬぼれと悪巧みのあいだを遊弋するミーメ、知的インポテンツの批評家ハンスリック＝ベックメッサーなど、ワーグナーの作品において否定された者すべてがユダヤ人のカリカチュアである」というよく知られた一節を含むアドルノのワーグナー論が書かれたのは、『ニーベルンゲン』公開から十年以上を経た一九三七－三八年（単行本としての公刊は一九五二年）のことである（テオドール・W・アドルノ著［高橋順一訳］『ヴァーグナー試論』［作品社、二〇一二年］二一頁［一部表記変更］）。だが、すでに一九二七年に音楽学者アルフレート・アインシュタインは『音楽におけるユダヤ人』という論考において、アルベリヒ、ミーメおよび《パルジファル》のクンドリを「ユダヤ的なものの象徴」と同定していた。以下を参照。Alfred Einstein: Der Jude in der Musik. In: Der Morgen 6 (1927). S. 590 – 602, hier S. 599. https://publishup.uni-potsdam.de/opus4-ubp/frontdoor/deliver/index/docId/2102/file/pardes_10_a4_Art03.pdf（最終閲覧二〇一八年四月二日）

　また、《ニュルンベルクのマイスタージンガー》のベックメッサーをユダヤ人のカリカチュアとみなしうることは、同作の初演当時から知られていた。鈴木淳子著『ヴァーグナーと反ユダヤ主義――「未来の芸術作品」と一九世紀後半のドイツ精神』（アルテスパブリッシング、二〇一一年）一五五－一五九頁を参照。

20 David J. Levin: Richard Wagner, Fritz Lang, and the Nibelungen. The Dramaturgy of Disavowal. Princeton, N. J. (Princeton University Press)1998. S. 126.

21 同上S. 96 – 140.

22 拙著『映画「ニーベルンゲン」第一部におけるジークフリート像再考』（注13）五－一二頁を参照。

23 ハンガリー出身の作家・映画理論家のベラ・バラージュは、映画『ニーベルンゲン』が公開された一九二四年に次のように記している。「映画の中に出てくる事物は象徴的意味を持つ、ということを私はすでに一貫して言ってきた。いや、たんに〈意味〉と言っていいかもしれない。なぜなら〈象徴的〉ということは、意味を持つということと同じであり、事物の固有の意味を超えてさらにより広い意味を持つということであるから。さらに映画にとって決定的なことは、すべての事物が例外なく必然的に象徴的であるということである」。ベラ・バラージュ著（佐々木基一、高村宏訳）『視覚的人間――

映画のドラマツルギー』（岩波文庫、一九八六年）一二一頁。また、ヴァイマル期ドイツ映画研究の古典であるクラカウアー著『カリガリからヒトラーまで』（一九四七年）にもすでに、映画『ニーベルンゲン』は《指環》とはまったく異なるが、その中には「ワーグナー風のライトモティーフを思い出さずにはおれないような出来事が、たくさん現れる」と記されている（前掲書、注3、九三頁）。クラカウアーはこの問題をそれ以上詳しく論じていないが、上記のような視覚上のライトモティーフを念頭に置いていたと思われる。

24 その理由として、当時ドイツ国外では『ニーベルンゲンの歌』の知名度が低かったことが挙げられる。ラング自身、一九七〇年代のインタビューにおいて、「そもそも、パサデナ［訳注：アメリカ合衆国カリフォルニア州の都市で、ロサンゼルス北東の高級住宅地］の人々がジークフリートの竜との戦いについて、何を知っているというのか」と述べている。引用は以下による。Silke Hoklas: Alberich, a. a. O., S. 72.

25 同上。

26 オリジナル音楽を作曲したのは、ケルン出身の作曲家ゴットフリート・フパーツ（一八九七－一九三七）である。なお、当初は『ニーベルンゲン』にワーグナーの音楽を用いることも検討されたという。Adeline Mueller: Listening for Wagner in Fritz Lang's *Die Nibelungen*. In: Jeongwon Joe, Sander L. Gilman (Hg.): Wagner and Cinema. Bloomington / Indianapolis (Indiana University Press) 2010. S. 85 – 107, hier S. 86.

27 同上 S. 94 – 97.

28 大傍正規著『届かないメロディ——日独合作映画「新しき土」の映画音楽に見る山田耕筰の理想と現実』、加藤幹郎監修、杉野健太郎編著『映画学叢書　映画とネイション』（ミネルヴァ書房、二〇一〇年）一一頁。

◉主要参考文献——

Nataša Bedeković, Andreas Kraß, Astrid Lembke (Hg.): Durchkreuzte Helden. Das „Nibelungenlied" und Fritz Langs Film „Die Nibelungen" im Licht der Intersektionalitätsforschung. Bielefeld (transcript Verlag) 2014.

Scott Brand: Vier Welten in einem Film. Variationen des Mittelalters in DIE NIBELUNGEN. In: Daniel Illger, Jacek Rzeszotnik, Lars Schmeink (Hg.): Zeitschrift für Fantastikforschung. 2/2013. Münster (Lit Verlag) 2013. S. 95 – 119.

Lotte H. Eisner: Fritz Lang. New York (Da Capo Press) 1976/1986.

Irmgard Gephart: Faszination des Untergangs. Die Verfilmung des Nibelungenstoffs durch Fritz Lang und Thea von Harbou. In: Sprache und Literatur 34. Paderborn (Schöningh) 2003. S. 96 – 117.

Tom Gunning: The Films of Fritz Lang. Allegories of Vision and Modernity. London (British Film Institute) 2000.

Silke Hoklas: Alberich, Repräsentant der finsteren Mächte? Zum Bild des Jüdischen in Fritz Langs Nibelungen-Film. In: Juliane Sucker, Lea Wohl von Haselberg (Hg.): Bilder des Jüdischen: Selbst- und Fremdzuschreibungen im 20. und 21. Jahrhundert. Berlin / Boston (Walter de Gruyter) 2013. S. 57 – 76.

Anton Kaes: Shell Shock Cinema. Weimar Culture and the Wounds of War. Princeton, N. J. (Princeton University Press) 2009.

Christian Kiening, Cornelia Herberichs: Fritz Lang, *Die Nibelungen* (1924). In: Christian Kiening, Heinrich Adolf (Hg.): Mittelalter im Film. Berlin (De Gruyter) 2006. S. 189 – 225.

David J. Levin: Richard Wagner, Fritz Lang, and the Nibelungen. The Dramaturgy of Disavowal. Princeton, N. J. (Princeton University Press) 1997.

Joe McElhaney (Hg.): A Companion to Fritz Lang. Chichester (Wiley Blackwell) 2015.

Patrick McGilligan: Fritz Lang. The Nature of Beast. New York (St. Martin's) 1997.

Adeline Mueller: Listening for Wagner in Fritz Lang's *Die Nibelungen*. In: Jeongwon Joe, Sander L. Gilman (Hg.): Wagner and Cinema. Bloomington / Indianapolis (Indiana University Press) 2010. S. 85 – 107.

Die Nibelungen (Programmheft), o. O., o. J.

Meinolf Schumacher: Ein Heldenepos als stumme Film-Erzählung. Fritz Lang, DIE NIBELUNGEN. In: Heinz-Peter Preußer (Hg.): Späte Stummfilme. Ästhetishe Innovation im Kino 1924-1930. Marburg (Schüren) 2017. S. 39 – 63.

Michael Töteberg: Fritz Lang mit Selbstzeugnissen und Bilddokumenten. Reinbek bei Hamburg (Rowohlt) 1985.

Anke Wilkening: Fritz Lang's *Die Nibelungen*: A Restoration and Preservation Project by Friedrich-Wilhelm-Murnau-Stifitung, Wiesbaden. In: Journal of Film Preservation 79/80 2009. S. 86 – 98. http://filmarchives.tnnua.edu.tw/ezfiles/34/1034/img/412/27690779.pdf

Andreas Wirwalski: „Wie macht man einen Regenbogen?" Fritz Langs Nibelungenfilm. Fragen zur Bildhaftigkeit des Films und seiner Rezeption. Frankfurt a. M. (P. Lang) 1994.

明石政紀著『フリッツ・ラング ベルリン伯林＝ハリウッド聖林』（アルファベータ、二〇〇二年）

テオドール・W・アドルノ著（高橋順一訳）『ヴァーグナー試論』（作品社、二〇一二年）

石川栄作著『「ニーベルンゲンの歌」を読む』（講談社学術文庫、二〇〇一年）

石川栄作著『ジークフリート伝説――ワーグナー「指環」の源流』（講談社学術文庫、二〇〇四年）
石川栄作訳『ニーベルンゲンの歌　前編・後編』（ちくま文庫、二〇一一年）
江口直光著『映画「ニーベルンゲン」第一部におけるジークフリート像再考』、愛知文教大学国際文化学会編『愛知文教大学比較文化研究』第一四号（二〇一六年）一―一七頁
クラウス・クライマイアー著（平田達治他訳）『ウーファ物語《ストーリー》』（鳥影社、二〇〇五年）
ジークフリート・クラカウアー著（平井正訳）『カリガリからヒットラーまで』（せりか書房、一九七一／八〇年）
小松弘著『国家的映画の誕生　フリッツ・ラングの「ニーベルンゲン」』、映画『ニーベルンゲン』国内版DVD付属ブックレット（フリッツ・ラング・コレクション　クリティカル・エディション六、紀伊國屋書店、二〇〇六年）
三光長治他編訳『ラインの黄金：舞台祝祭劇「ニーベルングの指環」：序夜』（白水社、一九九二年）
三光長治他編訳『ジークフリート：舞台祝祭劇「ニーベルングの指環」：第二日』（白水社、一九九四年）
三光長治他編訳『神々の黄昏：舞台祝祭劇「ニーベルングの指環」：第三日』（白水社、一九九六年）
相良守峯訳『ニーベルンゲンの歌　前編・後編』（岩波文庫、一九七五年）
鈴木淳子著『ヴァーグナーと反ユダヤ主義――「未来の芸術作品」と一九世紀後半のドイツ精神』（アルテスパブリッシング、二〇一一年）
田中雄次著『ワイマール映画研究――ドイツ国民映画の展開と変容』（熊本出版文化会館、二〇〇八年）
ザビーネ・ハーケ著（山本佳樹訳）『ドイツ映画』（鳥影社、二〇一〇年）
ベラ・バラージュ著（佐々木基一、高村宏訳）『視覚的人間――映画のドラマツルギー』（岩波文庫、一九八六年）
宮田眞治著『異郷にて――ラング「ニーベルンゲン」とストロープ＝ユイレ「階級関係」』、野崎歓編『文学と映画のあいだ』（東京大学出版会、二〇一三年）八三―一〇五頁
山崎太郎『《ニーベルングの指環》教養講座』（アルテスパブリッシング、二〇一七年）
山本潤著『破滅の神話――近代以降の「ニーベルンゲンの歌」受容とドイツ史』、西山雄二編『カタストロフィと人文学』（勁草書房、二〇一四年）二二一―二四五頁

特集 ワーグナーの呪縛（2）

故郷なき者たちの拠り所

――イギリスの「亡命者たち」が求めたワーグナー

高橋宣也

ロンドンに響く「ワーグナー」という騒音

一九世紀末のイギリス、デカダンスのダンディズムを体現したオスカー・ワイルド（一八五四－一九〇〇）は、機知に富んだ会話のやり取りを存分にまぶした新手の風習喜劇の傑作『まじめが肝心』を発表、一八九五年にロンドンで初演した。いかにも当世風で知的にして軽薄な男、アルジャーノンのロンドンのマンションには電気式呼び鈴が引かれている。それだけでもここがモダンな家であることがわかるが、これがある時（第一幕）鳴り出し、アルジャーノンはつぶやく。「きっとオーガスタおばさんだな。あんなワーグナーばりの鳴らし方をするのは、親戚か借金取りに決まってる。」［1］

序文に「あらゆる芸術はおよそ役立たずである」という唯美主義的宣言を掲げたワイルド唯一の長編小説『ドリアン・グレイの画像』（一八九一）は、美青年ドリアンの背徳と破滅の物語だが、ある婦人がオペラ座で《ローエングリン》を観たことにかこつけて、「わたくし、ワーグナーが他のどの作曲家よりも好きですわ。あんまり音が大きいから、他の人に聞かれずに、ずっとおしゃべりできるんですもの。好都合なことではなくって？」［2］とドリアンに語る。

いずれもワイルド一流の毒舌だが、これらの文句はワーグナーの音楽がどのようなイメージで当時のイギリスで広まっていたかをうかがわせる格好の手がかりとなる。けたたましく鳴ったであろう呼び鈴の音をワーグナーにたとえるということは、すなわちそういう表現が説明不要で観客に通じる符牒となっていたことを意味する。ワーグナーの音楽は、それくらい人口に膾炙していたわけだ。それも、度外れて大げさで騒々しい音を響かせることを特徴として。

ワーグナー自身は、その生涯に三度イギリスに足跡を残している。それは、ちょうどキャリアの初期、中期、後期のそれぞれに当たっている。一度目は一八三九年で、ワーグナーがまさに借金取りから逃れてリガから海路パリへ向かう途中、ロンドンに寄った。二度目は一八五五年で、フィルハーモニック協会の招待を受けて渡英、《ヴァルキューレ》を仕上げながら演奏会を行い、時の女王ヴィクトリアに拝謁。三度目は一八七七年、前年のバイロイト音楽祭初回で発生した多額の赤字の補填のための演奏旅行であった。

ワーグナーはロンドンでオペラの抜粋をコンサートにかけてきた。ドイツ以外の国でワーグナーが自ら自作の普及に努めた場所という意味では、イギリスは顕著な地であると言えるだろう。その甲斐もあって、彼の音楽は独特の存在感をもって人々に知られるようになった。一八七二年にはイギリスにもワーグナー協会が設立され、機関誌『ザ・マイスター』が発行された。新聞『ザ・タイムズ』では、音楽担当のフランシス・ヒューファー（フェファー）が文筆界でワーグナー擁護の論陣を張った。ジョージ・ムーアやアーサー・シモンズといった作家たちもワーグナーに魅了されていった。

ワイルドの場合、『ドリアン・グレイの画像』に戻ると、先のご婦人はワーグナーを社交の場に都合のよい背景音としか捉えていなかった。しかし当の主人公ドリアンは、恋人を自死に追いやった後も平然と快楽的な生活を送りながら、音楽にも忘我の境地を求める。シューベルト、ショパン、ベートーヴェンの曲は彼の耳を素通りし、インドや中南米の楽器が発する「野蛮な音楽」が彼に一時の興奮を与える。しかしそれにもやがて倦み、結局彼は《タンホイザー》にうっとりと聴き入りながら、「この大作の前奏曲［ママ］のなかに、己が自身の魂の悲劇の写し絵を見る」のであった［3］。

ワイルドがドリアンという人物像に込めた快楽主義と背徳は、この作品の序文にうたわれているような、芸術を道徳性から切り離す思想を行動に移したものである。そこで志向される官能への惑溺は、ワーグナーの音楽こそが体現していると考えられていたのである。特に《タンホイザー》は、聖と俗の二面に引き裂かれる主人公を通してアピールするところが強かった。ワイルドの戯曲『サロメ』に施した挿絵で名高い画家オーブリー・ビアズリーは、エロスに満ちた小説『ヴィーナスとタンホイザーの物語』を著している（未完、一九〇七年、不穏当な個所を削除した版『丘のふもとで』は一九〇三年）。彼がワーグナーの上演に集う淑女たちをモノクロで描いた『ワーグナー主義者たち』（一八九四）は、ワーグナーを社交の契機としながら、その騒音の中で思考停止に陥る女たちのカリカチュアである。

イゾルデの国からの「亡命者たち」

こうして、ワーグナーの流行は、大げさな音響やジェスチャーが特徴であるというスタンプを押されて、社会風俗の一部となった。それはワーグナーの名を出せばすぐ通じるほどにまで達していた。また同時に、ワーグナーは世紀末の官能礼賛の理想像ともみなされ、作家や画家が彼の世界に呪縛されていった。このような風潮にあった一九世紀末から二〇世紀にかけてのイギリスにおいては、ワーグナーをどうみなすか、ワーグナーとどういうスタンスをとるかを、誰もが自問しなければならなかった。例えば、産業革命以降の機械工業の発展と公害の発生に反発する人々は、中世に人間的な価値を求める中世主義《ミデイイーヴァリズム》を唱えた。彼らはアーサー王伝説に取材した文学や絵画を生み出し、ラファエル前派というグループも結成された。神話伝説に価値を認める行き方はワーグナーとも一致するところではあったが、理論家でもあったウィリアム・モリスはワーグナーによる伝説の扱い方には懐疑的だった[4]。

一九世紀のロンドン、それは資本主義と機械産業の最先端の地であった。日の沈むところなしと言われた大英帝国は全世界に版図を広げ、世界に冠たる国力を誇った。ロンドンはその中心地として、世界最大の市場となり、大いなる流通のハブとなった。その磁力に引かれたのは、政治や経済の分野に留まらない。文化の面でも、イギリスは多様な思想や人材を吸引していた。もちろん、一六〇〇年の東インド会社設立以来、イギリスは外界と広く接触を図ってきたわけで、そのインパクトは常に文化界に及んでいた（シェイクスピアの戯曲『テンペスト』［一六一一］をコロニアリズムの文脈で解釈するのは批評の常套だ）。それは時を経て、東洋趣味、異国趣味が盛んになる一九世紀にまで至る。『ドリアン・グレイの画像』でも、先述したように、遠い海外の楽器を愛でる場面が描かれていた。

さて、アイルランドは今でこそ独立した国だが、長きにわたってイギリスの支配下にあり、完全に独立したのは一九四九年になってのことだった。そのため、アイルランドは広い意味ではイギリス文化圏の中にあり、またその一方でイギリスへの反感を根底に抱くという特質がある。《トリスタンとイゾルデ》で設定されているような、アイルランドとイングランドとのせめぎ合いが現実にあったわけである。そして、イゾルデよろしくアイルランドからイングランド側へ渡ってくるという人の流れがあった。

一九世紀末から二〇世紀へという時代、アイルランドが輩出した文人が次々と国を出てイギリスへ、あるいはその先へと向かっていった。それはまさに、生まれ故郷を飛び出した「亡命者たち」が、ワーグナーが流行るロンドンを目指すことでもあった。本論で扱うイギリス文学の文人たちは、アメリカ出身の詩人T・S・エリオットを例外として、皆アイルランド生まれの「ダブリンの人々」である。ここで「亡命者《エグザイル》」というのは、政治的な意味ではなく、野島秀勝の評論『エグザイルの文学——ジョイス、エリオット、ロレンスの場合』(一九六三)[5]のひそみに倣った、「根こそぎにされた人、外に飛び出す人」という含みである(この評論の命名自体、ジェイムズ・ジョイスの戯曲『亡命者たち(Exiles)』からきている)。

この時代の代表的なアイルランド人四人をまとめて、評論家のリチャード・エルマンは『ダブリンの四人(Four Dubliners)——ワイルド、イェイツ、ジョイス、ベケット』という論考を著している(一九八七)。ここで先頭を切っているのが、既に触れたオスカー・ワイルド。彼はダブリン生まれで、二〇歳の時にイギリスのオックスフォード大学に入った。そこで美術論『ルネサンス』で名高いウォルター・ペイターの薫陶を受け、美への感性を研ぎ澄ませたのだった(『ルネサンス』には、「あらゆる芸術は常に音楽の状態に憧れる」という名句がある[6])。

W・B・イェイツとジェイムズ・ジョイスの神話利用

詩人で劇作家のW・B・イェイツ(一八六五－一九

三九）は少年期からダブリンとロンドンを行き来しながら、象徴主義の詩風を磨いていくとともに、アイルランド独立運動にも文化面から関わった。彼はアイルランド古来のケルト的伝承に民族のアイデンティティーを求め、英雄クフーリンを主題とする詩や戯曲を発表していくのだが、ダブリンでの演劇運動によってアイルランドの文芸復興を目指すときに彼がモデルとしてイメージしていたのがワーグナーであり、神話世界に新たな命が注入されて、バイロイトがドイツの一体化に貢献した様だった[7]。彼のヴィジョンは一九〇四年にダブリンでのアビー劇場設立として結実し、そこが演劇活動の拠点となる。やがて彼は能やオカルトにも深入りし、独自の宇宙観を築いていく。

サミュエル・ベケット（一九〇六－八九）は『ゴドーを待ちながら』（一九五二）で知られる不条理演劇の大家だが、居住地はパリで、彼の音楽の好みはシューベルトだった。

しかし、彼が若い時に秘書の役を務めたジェイムズ・ジョイス（一八八二－一九四一）は、強くワーグナーを意識していた。彼の小説『若き芸術家の肖像』（一九一六）は、主人公スティーヴン・ディーダラスの一種の成長物語で、そこにはジークフリートの姿が投影されている。スイスで完成させた『ユリシーズ』（一九二二）は、ホメロスの『オデュッセイア』を基盤にしたダブリンのとある一日の話で、二〇世紀モダニズム小説の金字塔だが、そこにもスティーヴン・ディーダラスが登場する。彼は携帯するステッキを女郎屋で「ノートゥング！」と叫びながら振り上げると、シャンデリアを破壊してしまうのである（「キルケー」の章）[8]。このステッキ――しかもトネリコ製――によってジョイスは若きスティーヴンにワーグナー由来の魔的な力を与えているのだが、その活躍の場は華々しいものではなく、意識的にパロディーにしているのだという見方もできる。ジョイスは《ニュルンベルクのマイスタージンガー》の五重唱を歌うたしなみもあった。唯一の戯曲『亡命者たち』（一九一八）では、ある男が「暇つぶし」に《タンホイザー》の〈夕星の歌〉をピアノで弾いている（第二幕）[9]。ジョイス自身は、「いったい何者なんだ、このタンホイザーという奴は？　聖女エリーザベトといる時にはヴェーヌスベルクの売春宿に憧れ、売春宿にいる時には聖女エリーザベトと一緒にいたいと思うなんて」という言葉も残している[10]。

こうした度重なる言及は、彼もまたワーグナーに呪縛されていたからだとも言えよう。しかしジョイスには、とりとめのない日常に神話的枠組みを与えることによって、凡庸な人間の人生に永遠の価値を与えるという野心があった。まず彼は、一九一四年の短編集『ダブリンの人々(Dubliners)』で追究された、細部を観察するうちにその本質が啓示的に明らかになるという「エピファニー」を駆使した。ワーグナーの作劇の特徴は、《さまよえるオランダ人》のオランダ人とゼンタとの邂逅から《パルジファル》のパルジファルとクンドリーの口づけまで、主人公が事の本質に目覚める「エピファニー的瞬間」がドラマとしての高揚の頂点となるよう極めて巧妙に作られていることにあるが、そこから汲み取った方向性である。そしてそれを拡大する形で、神話的構造を小説に与えたのが『ユリシーズ』である。その時、ワーグナーは非常に有効な先例を提示するものであり、また同時に、斜に構えて向かわなければ圧倒されてしまうような存在でもあった。ワーグナーが古代ギリシア劇をモデルにして《ニーベルングの指環》を創造したように、ジョイスは『オデュッセイア』という叙事詩の諸エピソードをダブリンの平凡な広告取りの男レオポルド・ブルームの一日にあてはめ、多彩極まる語彙と文体を駆使して、人の営みを永遠なるものに昇華したのである。

T・S・エリオットが『荒地』に込めたワーグナー

アメリカの作家コンラッド・エイキンは、一九六五年にイギリスの詩人T・S・エリオットが他界した時、「我々の時代は、これまでも、これからもエリオットの時代であり続けることは疑いがない」と評した[11]。ここで言う「エリオットの時代」とは、二度の世界大戦をまたいで荒廃していったヨーロッパ近代の精神のありさまを、エリオットがその詩に的確にすくい取っていたということを表している。ジョイスがモダニズムを代表する小説家だとすれば、エリオットはモダニズム詩人の第一人者であった。彼は歴史に学ぶことを重んじる伝統主義者でもあり、ヨーロッパの文化全体を視野に入れた活動を詩作と評論の両面で行った。そんなヨーロッパの知性の権化のようなエリオットだが、彼もまたイギリス出身ではなく、アメリカで教育を受けた上でヨーロッパに渡り、イギリス人となった「亡命者」

であった。

エリオット（一八八八－一九六五）と言えばストラヴィンスキーとの交流が知られていて、ストラヴィンスキーはエリオットの没時に〈イントロイトゥス――T・S・エリオット追憶〉という短い合唱曲を書いている（一九六五）。確かにエリオットの甘い情緒を排除した詩の相貌は、ストラヴィンスキーの音楽とよく親和するように思われる。しかし、やはりエリオットも時代の子である。二〇世紀初頭に渡欧し、一九二七年にイギリスに帰化してヨーロッパ人よりもヨーロッパ人らしくなろうとした彼は、ワーグナーとの直面を避けることはできなかった。

彼の代表作は、奇しくも『ユリシーズ』と同年の一九二二年に発表された長編詩『荒地』である[12]。これは五つのパートから成っているが、聖書やシェイクスピアからフランス詩、サンスクリット語まで古今の様々な文献からの断片的引用が多数行われていることが大きな特徴であり、エリオットは自分で注を施してその出どころも明かしている。そこで述べられているように、この作品全体の淵源となっているのは、ジェシー・L・ウェストンの『祭祀からロマンスへ（From Ritual to Romance）』とジェイムズ・フレイザーの『金枝篇（The Golden Bough）』という人類学の研究書で、エリオットはそこに取材して漁夫王伝説を作品全体の基盤とした。これは聖杯伝説の一種で、王の健康状態が国全体の状態と結びついており、王が病めば国も衰え、新たなる王が求められる。つまりエリオットもまた、イェイツやジョイスとは違ったやり方ながら、神話的構造を組むことによって現代社会のありさまを象徴性をもって描こうとしたのである。

エリオットが作中で参照したボードレールやネルヴァルといったフランスの詩人たちは、フランスのワグネリズムが作品に流れ込む回路となった[13]。第三部「火の説教」には、ヴェルレーヌの「パルシファル」から「おお、円天井のもとで歌うあの少年唱歌隊の声よ！」（二〇二行）とフランス語で一行引用されている。

ワーグナーの方からはというと、《パルジファル》からの引用はないが、《トリスタンとイゾルデ》及び《神々の黄昏》から歌詞が取り入れられている。その部分に着目してみよう。

第一部「死者の埋葬」は、一九世紀末の爛熟と退廃の雰囲気が濃い。「四月は残酷極まる月だ」という言葉に始まり、場面はすぐにバイエルンのシュタルンベルク湖になる。病んだ王ルートヴィヒ二世が溺死した地として、漁夫王伝説との連関、そしてワーグナーへの連想が一気に高まる。

夏はわたしたちを驚かせた。シュタルンベルク湖
　を越えて
夕立とともにやって来て。わたしたちは柱廊に立
　ち入り、
日が出るとホフガルテンに行った、
そしてコーヒーを飲み、一時間ばかり話をした。
わたしはロシア人ではありません、リトアニア出
　身で生粋のドイツ人です。
（八―一二行、最後の行はドイツ語）

そして三一行目から遂に《トリスタンとイゾルデ》からの直接の引用が行われる。

　さわやかな風が吹く、
　故郷の方に。
　可愛いアイルランド娘よ、
　おまえはいまどこに？

「一年前、あなたは初めてヒアシンスをくれまし
　た。
わたしはヒアシンス娘とうわさされたのです。」
――しかし、わたしたちが遅くなってからヒアシ
　ンス畑より戻ると、
あなたの腕は一杯で、その髪は濡れ、わたしは
口がきけず、目もよく見えなくて、
生きているのでも死んでいるのでもなく、何もわ
　からなかった、
光の中心を、静寂をのぞき込みながら。
海はさびれて空々漠々。
（三一―四二行）

エリオットも自注で指し示している通り、三一―三四行は《トリスタンとイゾルデ》第一幕冒頭の若い水夫の声、四二行は第三幕の牧人の言葉で、ドイツ語でそのまま使われている。

シュタルンベルク湖、そして《トリスタンとイゾルデ》と、このあたりはワーグナー色が濃厚である。エロスの希求、現世への倦怠感といった世紀末

的な志向が、ワーグナーを呼び起こすことで端的に鮮やかに感得できるようになっている。

それだけではない。《トリスタンとイゾルデ》の端役のセリフをわざわざ用いているのは一見奇妙だが、直接の引用に挟まれた箇所に注目しよう。「ヒアシンス娘」のエピソードは、恋人たちの逢瀬をほのめかしている。感覚が曖昧になり、生死も定かならず、光と音（無音）とを「のぞき込む。」これは元のオペラで二人が第二幕で一体となる共感覚的な法悦の境地をうかがわせるものだ。だとすれば、ここに引いた箇所全体は、オペラの各幕すべてに触れることによって、《トリスタンとイゾルデ》というオペラ全体を圧縮して十二行の内に封じ込めたものと見なすこともできる。端役の言葉が使われているのも、《トリスタンとイゾルデ》では「外部の音」が各幕の冒頭に響き（若い水夫の声、遠方の狩りの角笛、牧人の笛の音）、それが主人公たちの内面へと聴き手を導いていくという巧妙な作劇法をとっていたことを考えれば、恋人の「ヒアシンス娘」たちの心境を囲む枠の機能を果たしていると言えよう。

『荒地』第三部「火の説教」になると、一六世紀の詩人エドマンド・スペンサーが「麗しのテムズよ」（一七六行ほかに引用）と歌った川は汚濁となり、ロンドンはすさんだ姿になり果てている。ここでも水死のイメージが多用されていて、予言者ティレシアスは無力感に襲われている。そこに聞こえてくるのが、ラインの娘ならぬテムズの娘たち（エリオット自身が自注でそう呼んでいる）の歌声である。エリオットは、今度は《神々の黄昏》第三幕のラインの娘の歌から「ワイアララ　ライア／ワララ　ライアララ」というリフレインを使って、テムズ川の現状への嘆きを歌う。

川は汗を流す
オイルとタールの汗を
屋形船は漂う
潮に任せて
赤い帆が
風下に向かって
広がり、太い帆柱でなびく。
屋形船は流木を
押しやり
グリニッジまで流していく
アイル・オヴ・ドッグズを越えて。

ワイアララ　ライア
ワララ　ライアララ　（二六六－二七八行）

こうした一節がもう一度続き、その次の最後の一節は「ララ」の一言で終わる。《神々の黄昏》オリジナル通りである。ここは《ラインの黄金》の歌ではなく《神々の黄昏》の方から引かれているところがミソで、《神々の黄昏》では既に一つの世の末を迎えており、ラインの娘たちはもはや「麗しのライン」を懐かしむばかりであって、このシーンは現実のロンドンの写し絵となっているのである。ワーグナー自身が、ロンドンを見て「ここではアルベリヒの夢が現実となっている――ニーベルハイム、世界支配、人の活動、忙しい仕事、煙と霧に覆われた重苦しい感じ」（一八七七年五月二五日コジマ・ワーグナーの日記より）[14]と述懐しているのを思い出してもよい。

この疲弊した国を救うにはどうすればよいのか。漁夫王伝説によれば、新たなる王が出現することによって、世界は健康を取り戻す。しかし『荒地』では、希望がはっきりと示されることはない。「私は岸辺に座って／釣りをしていた、干からびて不毛な平野を背にして／せめて自分の領地だけでもきちんと整えようか？／ロンドン橋落ちた落ちた落ちた」（四二三－六行）最後は平和を希求するサンスクリット語の言葉「シャンティー」（四三三行）を唱えて締めくくられる。

エリオットは現代社会の窮状を描くために神話の構造を利用した。その方策には、ワーグナーの先例が大いに役立った。ワーグナーの手法によってこそ、現実に対して普遍性ある批評を加えられるということだ。しかしながらエリオットは、その窮状をもたらした原因の一端もまたワーグナーにあるということも認識していた。彼が対話形式で書いた評論「劇詩についての対話」（一九二八）には、こんな言葉がある。「ぼくは、君がワーグナーは『有毒だ』と毒づいているのも聞いたことがあるぞ。それでも君は、ワーグナー体験をすすんで捨ててしまったりもしないないだろう。つまり、道徳的にためにならない芸術がないような世界は、ひどく貧しい世界だということさ。」[15]　ワーグナーの巨大で多面的な影響力に相対するためには、取るべき姿勢もなかなかきっぱり一筋にとはいかないのである。

G・B・ショーによる《指環》の社会主義的読み替え

そんなワーグナーに強烈な自論を携えて立ち向かった傑物が、ジョージ・バーナード・ショー（一八五六－一九五〇）であった。先ほどのエリオットの評論にあった「道徳的にためにならない芸術がないような世界は、ひどく貧しい世界だ」という言葉は逆説好きのワイルドが発していてもおかしくないところだが、ショーもまた先輩ワイルドを追ってイギリスに渡ってきた「ダブリンからの亡命者」だった。

後には劇作家として一家を成す彼は、ダブリンで文学と音楽を独習すると、二〇歳でロンドンにやってきた。そこで演劇界に身を投じるとともに、社会活動にも熱意を持ち、漸進的社会改革運動団体のフェイビアン協会に加入して、パンフレット執筆や講演に活躍した。その一方で、彼は一般読者向けの新聞で音楽評を担当するようになり、歯に衣着せぬ旺盛な筆力で音楽評論を活気づけた。一八七七年にワーグナーが三度目のロンドン訪問で連続演奏会を開いたときには、ワーグナーを目の当たりにしてリポートしている。

ショーの芸術観は、「道徳的にためにならない芸術」には寛容でなかった。ここまで論じたイェイツやジョイスやエリオットが、ワーグナーの呪縛を身近に感じながら、彼の作品と周辺への感化力が帯びる神話性から普遍を汲み取るすべを見つけるべく苦闘しているのに対して、ショーはワーグナーをまずその音楽で評価し、それに加えて文明批評家とも見なした。そして特に《ニーベルングの指環》を、社会が進むべき進化の道筋を指し示すものとして解釈し、一巻のコメンタリー『完全なるワーグナー主義者』を一八九八年に著した。

ショーは、《指環》は「一九世紀後半より前には書かれ得なかった作品」[16]であるとし、神話伝説の設定の中に同時代の資本主義社会の寓意的な含意を読み取って、鋭く明確化した。《ラインの黄金》冒頭のライン川は、ゴールドラッシュに沸くカナダの地クロンダイクになぞらえられ、現代は金権社会《プルートクラシー》と規定されて、資本を持つ特権階級と知力に不足する一般民衆との対比が強調される。ここでは契約の概念が重視される一方で、オペラでは陰鬱な力をサイクル全体に及ぼすアルベリヒの呪いには重きは置かれない。ショーはこうしたおとぎ話的な仕掛けを「舞台受け狙いの一例」と断じ、「富の追及が破滅に至ることは別に呪いなどなくても説明できる」とする[17]。

社会改革に燃えるショーは、まさに「道徳的にためになる芸術」をワーグナーに求めた。だから呪いを軽視し、《ヴァルキューレ》で描かれる情愛の様の扱いも冷淡である。彼は「愛」が「万能薬」となる解決法を安易なものと見なし、エロスの要素をなるべく《指環》の解釈から遠ざけようとする。その代わりに提唱されるのが、「生命力（Life）」の概念だ。「理を弁えた信奉者であれば、《指環》から汲み取ることのできる信条は一つしかない。それは愛ではなく、生命そのもの、止むことなく前進し上向する、疲れを知らない力としての生命を信じることである。」[18] その体現者こそジークフリートであり、ショーは彼に革命家ミハイル・バクーニンの姿を重ねて「ジークフリート＝バクーニン」という複合名さえ作っている。

ショーは、ジークフリートにあくまでも新しい人間像を求めた。彼の社会観からすれば、進化の次の過程は人間の先にある英雄の時代である。ジークフリート＝バクーニンはこの時代を切り開かなければならなかったのだ。よって、ショーにとっては《ジークフリート》第三幕以降の展開はワーグナーによる裏切り行為となる。音楽的にはただの歌劇への退行とされ、あの「救済のモティーフ」は「最も安ピカな楽想」[19]と切り捨てられる。内容的にも、ショーが望んだ社会思想劇としての《指環》は、中途で途絶えてしまった。当然ながら、『完全なるワーグナー主義者』の後半の熱量は大きく下がってしまうのだった。

ショーは自分流の方針をワーグナーに当てはめ、ずれを受け入れることができなかった。彼はあくまでも社会と人間の直線的な発展を希求していたので、世界の滅亡、そこからの新たなる再生という神話的な円環構造の物語とははなから相性が悪かったのだ。そこにショーの解釈の限界を見ることもできるだろうが、そもそも《指環》自体が極めて多層的なシステムなのであり、原作設定から離れた読み替えが様々に可能であるということを初めて宣言したところに、ショーの《指環》論の大きな意義がある。不屈の思考者ショーは、ワーグナーの呪縛に捕われはしなかったのである[20]。

イギリスからの「亡命者たち」

ここまで、アイルランドやアメリカからイギリスに来て活動した、あるいはイギリスを経て英語文学に寄与した文人たちのワーグナー観を見てきたが、最後に逆にイギリスからドイツに飛び出した「亡命者」二人にも触れておかねばなるまい。ワーグナーというよりワーグナー家の引力圏に入り込んだ、ヒューストン・ステュアート・チェンバレン（一八五五－一九二七）とヴィニフレート・ワーグナー（一八九七－一九八〇）である。

ショーはワーグナーの魅力を充分に理解しつつも、そこに惑溺することはなかった。バイロイトでの公演にも赴いているが、彼にとってそれは巡礼などではなく、「私のバイロイトへの旅費は、ドイツの批評家をイギリスに連れてくるのに使った方がよかっただろう」[21]などと言っているほどだ。ショーにはバイロイトのマジックは効かなかった。

しかし、H・S・チェンバレンとヴィニフレートはバイロイトの魔力に吸い込まれていった。チェンバレンは、イギリス生まれとはいっても病弱の身でヨーロッパ各地を転々とし、イギリスに地歩を持つことはなかった。ウィニフレッド・ウィリアムズは両親を幼児期に亡くし、親戚の家にも孤児院にもなじめなかった。こんなイギリスでは根なし草だった二人が、永住の地をバイロイトとしたのだった。チェンバレンはアーリア人種至上主義と反ユダヤ思想の濃厚な『一九世紀の基礎』を一八九九年にドイツ語で出版して注目を集めた。その前からワーグナーに心酔しており、コジマ・ワーグナーに接近してその娘エーファと一九〇八年に結婚。バイロイトに居を置いてバイロイト・サークルの中心となった。ウィニフレッドの養父となるカール・クリントヴォルトは以前一時期ロンドンに住んでおり、一八五五年には渡英したワーグナーに出会って、ピアノ演奏を披露した。その後ベルリンに移住した彼が一九〇七年にイギリスから引き取った孤児が、八年後にはそのワーグナーの息子ジークフリートの妻ヴィニフレートとなったのだから、不思議なめぐりあわせである。

かくしてワーグナーの義理の息子と娘となった二人のイギリス人は、バイロイトを故郷と定めてワーグナーとドイツへの崇敬を強め、二人の間でも英語を話さなかったという[22]。チェンバレンの反ユダヤ主義は一段と先鋭化して、台頭するナチスの思想的バックボーンとなり、彼は晩年にはアドルフ・ヒトラーの訪問も受けた。ヴィニフレートはヒトラーとの交流を楽しみ、一九三〇年の夫ジークフリートの没後はバイロイト音楽祭存続のためにも親密度を深めたので、二人は結婚するのではないかという噂も立った[23]。ヴィニフレートは、生粋のドイツ人ではない「亡命者」であるが故の迫害的視線を陰に陽に感じながら、家長としてワーグナー芸術の殿堂を守るべく奮闘したのだった。

　ワーグナーと接触した「亡命者たち」は、自分の出生地を飛び出しながら、イギリスと関わりつつ、皆がそれぞれのやり方でワーグナーの世界に拠り所を求めた。一九世紀の中世主義とも連動して高まったイギリスのワーグナー熱は、ワイルドには軽々とあしらわれたが、遠い神話伝説にアイデンティティーを求めるワーグナー的物語は、イェイツにおいてはアイルランド民族の覚醒と国家独立運動の精神的基盤となり、ジョイスにおいてはしがない個人を永遠のヒーローとする足掛かりとなった。T・S・エリオットも『荒地』の制作にあたって伝説を枠組みとする手法を援用しながら、ワーグナー自体を、ヨーロッパ文明をオペラの形で総合したものとして扱い、世紀末ヨーロッパの爛熟を《トリスタンとイゾルデ》からの引用に、現代ロンドンの退廃を《神々の黄昏》からの引用に託して、疲弊した時代を斬新な手法で活写した。

　ショーはワーグナーに世紀末病を見るのではなく、革命家としての指針を読み取ろうとした。それは現実の社会改革の理念と直接に結びつくべきものであった。その一方で、彼が持ち出す「生命力」の考え方は、アンリ・ベルクソンが一九〇七年に『創造的進化』で提唱する「エラン・ヴィタール」(生命の飛躍)にも通じる、この時代ならではの思潮が反映されていることも無視できない。これは、チェンバレンが同じ時期に似非科学的に論じた人種優位性の問題とも、実はそう遠くないのである。

　そうした危うさをも、ここで取り上げてきた人々はおのおの抱えていた。「亡命者たち」はワーグナーの内に、未来を志向する可能性を見たのか、それとも呪縛を求めたのか。彼らがたどった道筋は、現代から振り返ってみても様々な示唆に富んでいる。

◉注――

1 *Complete Works of Oscar Wilde*, with an introduction by Vyvyan Holland (London and Glasgow: Collins, 1966), p. 327. 筆者訳。

2 Ibid., p. 47. 筆者訳。

3 Ibid., p. 107. 筆者訳。

4 高橋宣也「ワーグナーとイギリス――ヴィクトリア朝にたどるワーグナー受容と解釈の淵源」（寺倉正太郎編著『ワーグナーの力』［青弓社、二〇〇五年］所収）参照。中世主義については、アリス・チャンドラー『中世を夢みた人々――イギリス中世主義の系譜』高宮利行監訳（研究社出版、一九九四年）を参照。

5 野島秀勝『エグザイルの文学――ジョイス、エリオット、ロレンスの場合』（南雲堂、一九六三年）。

6 Walter Pater, *The Renaissance: Studies in Art and Poetry*, ed. with textual and explanatory notes by Donald L. Hill (Los Angeles: University of California Press, 1980), p. 106. 筆者訳。

7 Ann Saddlemyer, 'The Cult of Celt: Pan-Celticism in the Nineties,' in *The World of W. B. Yeats*, eds. Robin Skelton and Ann Saddlemyer (Seatle: University of Washington Press, 1965), pp. 3-4 参照。

8 James Joyce, *Ulysses* (Penguin Books, 1986), p. 475.

9 James Joyce, *Exiles: A Play in Three Acts* (1918; repr. London: Jonathan Cape, 1921, 1952), pp. 80-1.

10 Richard Ellmann, *James Joyce* (1959; rev. Oxford: Oxford University Press, 1982), p. 619. 筆者訳。

11 Lawrence Rainey, 'Pound or Eliot: Whose era?' in *The Cambridge Companion to Modernist Poetry*, eds. Alex Davis and Lee Jenkins (Cambridge: Cambridge University Press, 2007), pp. 87-113. 筆者訳。

12 T. S. Eliot, *The Waste Land*, in *Poems 1909-1925* (London: Faber and Faber, 1925). 以下の引用は筆者訳。ただし《トリスタンとイゾルデ》の歌詞訳は日本ワーグナー協会版『トリスタンとイゾルデ』三光長治、高辻知義、三宅幸夫編訳（白水社、一九九〇年）による。

13 Stoddard Martin, *Wagner to "The Waste Land": A Study of the Relationship of Wagner to English Literature* (London: Macmillan, 1982), pp. 196-9 参照。

14 *Cosima Wagner's Diary: An Abridgement*, trans. Geoffrey Skelton (London: Pimlico, 1994), pp. 283-4. 筆者訳。

15 T. S. Eliot, *Selected Essays* (London: Faber and Faber, 1934), p. 54. 筆者訳。

16 ジョージ・バーナード・ショー『完全なるワーグナー主義者』高橋宣也訳（新書館、二〇〇三年）、一八頁。

17 同、六二頁。

18 同、一二四頁。

19 同、一五二頁。

20 ショーは劇作でもワーグナーの精神を反映させようと試みている。『やもめの家』（一八九二）の構想段階の仮題は「ラインの黄金」だった。『メトセラへ還れ』（一九二二）は《指環》の向こうを張った「超生物学的五部作」である。ショーの戯曲のワーグナー的特徴については、森川寿「『やもめの家』——ショー版《ラインの黄金》の開幕」（『バーナード・ショー研究』第一〇号［日本バーナード・ショー協会、二〇〇九年］）、Hisashi Morikawa, '*John Bull's Other Island*: Wagnerian Allegory of Economic Imperialism'（『バーナード・ショー研究』第一二号［日本バーナード・ショー協会、二〇一一年］）参照。

21 *Shaw's Music: The complete musical criticism in three volumes*, ed. Dan H. Lawrence (London: The Bodley Head, 1989), Vol. 3, p. 301.　筆者訳。

22 ブリギッテ・ハーマン『ヒトラーとバイロイト音楽祭——ヴィニフレート・ワーグナーの生涯』鶴見真理訳、吉田真監訳（アルファベータ、二〇一〇年）、上巻五二頁。

23 イギリスの小説家A・N・ウィルソンは、二人が子を成していたというフィクションの設定で『ヴィニーとヴォルフ』という作品を書いている。A. N. Wilson, *Winnie and Wolf* (London: Hutchinson, 2007).　ヒトラーとワーグナー家の関係の概略については、鈴木淳子『ヴァーグナーと反ユダヤ主義——「未来の芸術作品」と一九世紀後半のドイツ精神』（アルテスパブリッシング、二〇一一年）、二二六–八頁参照。

特集　ワーグナーの呪縛（2）

連載『ワーグナー・スペクトラム』誌掲載論文

指揮の実践と解釈の方策

――生産的破壊戦略としてのワーグナーの論争的メンデルスゾーン像

ハンス＝ヨアヒム・ヒンリヒセン／吉田　真　訳

訳者まえがき

今回ご紹介するのは『ワーグナー・スペクトラム』二〇一六年第二冊に掲載されたHans-Joachim Hinrichsen（ハンス＝ヨアヒム・ヒンリヒセン）の論文Die Praxis des Dirigierens und Politik der Interpretation — Wagners polemisches Mendelssohn-Bild als Strategie der produktiven Zersörung（指揮の実践と解釈の方策――生産的破壊戦略としてのワーグナーの論争的メンデルスゾーン像）の全訳である。音楽史上、メンデルスゾーンとワーグナーの音楽美学的な対立関係はよく知られているが、時代と活動領域のかなりの部分を共有していた両者が実際に論争を交わしていたわけではなく、ワーグナーが一方的にメンデルスゾーン批判を、それも彼の死後に執拗に行なったことが両者の対立軸を際立たせる結果になったと言ってよいだろう。その基底となったワーグナーの論文が『音楽におけるユダヤ性』（一八五〇年）と『指揮について』（一八六九年）であることは疑いない。

ワーグナーの膨大な著作では、主著というべき『オペラとドラマ』を筆頭に、『芸術と革命』、『未来の芸術作品』が重要かつ有名でもあるが、自身の創作の意義と正当性を理論化して主張する意図をもったこれらの著作は歴史的価値が高いとしても、ワーグナーの主要作品が、その好悪は別として十分な評価を確立している今日、アクチュアルな関心をもって読まれることは少ないと思われる。一方で『音楽におけるユダヤ性』と『指揮について』は、前者は今日なお多くの論争を呼んでいるワーグナーの反ユダヤ主義の最重要な「証拠物件」として、後者は演奏解釈というものが音楽実践活動において、場合によっては創作そのもの以上に関心をもたれている現代の傾向の嚆矢をなす文献として注目度がますます高くなっていると言える。

本論文は、まさしくワーグナーがこの二篇の著作において、なぜかくも苛烈なメンデルスゾーン攻撃を彼の死後においてなさなければならなかったのかという動機の解明を試みたものである。ドイツ語原文の最後には著者自身による英文の内容要約が掲載されているので、その概略をあらかじめ紹介しておこう。「本来対等であったはずのワーグナーとメンデルスゾーンの関係は、ワーグナーの死後はひたすら彼のイメージを損ねる結果をもたらしてしまった。『音楽におけるユダヤ性』を初めとしてワーグナーが一八五〇年以降に書いた著作は、メンデルスゾーンについて戦略的な歪曲としか言いようのないやり方で攻撃性を強めていった。この驚くべき論争的傾向の動機を理解するためには数々の著作に留意しなければならない。それは一八五〇年の『音楽におけるユダヤ性』と本質部分が拡大された新版、そして『指揮について』である。これらは発展する中で互いに通底する関係を有しているのである。本論文は長さの割には表現を変えての結論の繰り返しが多く、肝心の論証の材料が不十分という印象があるが、問題提起の意義は大きいと思われる。

なお著者名のカナ表記について、本誌『ワーグナー・シュンポシオン』二〇一三年号に訳者が翻訳掲載した論文では標準ドイツ語の発音に従って「ヒンリクセン」としていたが、その後、同著者の単行本が二種類相次いで翻訳出版され、そこでは共に著者と面識があると思われる訳者によっていずれも「ヒンリヒセン」と表記されていた（堀朋平訳『フランツ・シューベルト』アルテスパブリッシング、髙松佑介訳『ブルックナー交響曲』春秋社）。著者はバルト海のジュルト島の出身ということで、なるほどそれならばアンデルセン、ニールセンのようなデンマーク系の姓なのだろうと想像がつく。しかしデンマーク語の発音は実際には大きく異なり、ドイツ人であるからには、むしろ「ヒンリヒゼン」という表記が妥当かとも考えたが、いたずらに複数の表記を乱立させることを避けるため、ここでは単行本の表記にならって「ヒンリヒセン」に変更することにした。

指揮の実践と解釈の方策
——生産的破壊戦略としてのワーグナーの論争的メンデルスゾーン像

フェリックス・メンデルスゾーン・バルトルディとリヒャルト・ワーグナーは一八一〇年前後に生まれた音楽家の世代に属しており、彼らはその活動によって、今日まで通用している近代の職業的指揮者像を形成することに寄与した。確かに彼らの同世代の卓越した音楽家にはエクトル・ベルリオーズ、フランツ・リスト、フェルディナント・ヒラーがいるし、重要な先駆者としてルイ・シュポーア、カール・マリア・フォン・ヴェーバー、フランソワ・アブネックがいたが、さらに名前を連ねることのできる多数の音楽家の中でもメンデルスゾーンとワーグナーの二人を、影響力の大きさと本来の意味での「流派」を形成したことから際立って重要な存在と見なしても不当ではないだろう。彼らの後に続いた世代は指揮法から解釈のコンセプトにいたるまで本質的なものをここで学び、これが実にさまざまな形態で制度化されることになった。メンデルスゾーンにおいては、彼が設立し指導したライプツィヒ音楽院の教育課程から生まれた、文字どおりほとんどすべての音楽家がそれに該当する。それに対してワーグナーにおいては、最初は個人的な弟子や助手たちからなる極めて小さな集団だったものが、やがて拡大していった。その影響力はすでに一八六〇年代に散発的に見られたが、さらにバイロイト祝祭の頃になると周辺で広がり始めた[1]。

ほとんど同年齢であり、間違いなく世代を共有していると言えるにもかかわらず、メンデルスゾーンとワーグナーは、まさに彼らに起源をもつ指揮の流派という観点からすれば、おそらくすでに同時代人たちの認識において、それ以上に後世の意識の中では、およそ考えられうる限り遠く隔たっている。この差異はもちろん客観的な事象をもって簡単に証明することはできない。その同時代の史料は録音技術のない時代だけに、当然限られた証言の記録の中で触れるしかないからである[2]。しかしながらその差異は、ひとりの著者の影響力ある評論よって成立しているために最大級の関心を引くことになる。その著者は、この解釈美学の差異の観点において単に観察者であるばかりでなく、その両極の一方の当事者なのだから。すなわち他ならぬリヒャルト・ワーグナーその人である。彼は早く亡くなったメンデルスゾーンよりも三十年以上も長く生きたので、本来この対極関係の表明に関して解釈上の主権を獲得したのである。ただし単なる伝記的な偶然は必然的に確固たる歴史を展開するのに十分ではない。そのためには、誤解された差異の事実関係を明らかにし、それが広く作用した原因を見極めようとするならば知っておくべき多くのさらなる事実が求められる。それを前もって最初にいささかざっくりと言うならば、それらの事実はメンデルスゾーンの長い影に対するワーグナーの不安の中にある。この不安が事実をもって根拠づけられたのか、それとも単に妄想の範囲で思い込んでいただけなのかは、さしあたり些細な問題である。それよりもはるかに興味深い疑問は、ワーグナーがいかなる戦略をもって、メンデルスゾーンを死後に解体することを最終的に自分自身にとって極めて生産的な破壊の本質概念として理解したかということにある。ワーグナー自身の実際の指揮活動は、あまりに早く断ち切られた同時代人のメンデルスゾーンのそれと比べて、それほど長く続いたわけではなかった。メンデルスゾーンの早世の後ほどなくして、ワーグナーは事情によってみずから職業的指揮者としてのあらゆる活動を打ち切り、その後は限られた機会にしか指揮をしなかった。スイス亡命時代の指揮はむしろやむをえずだったし、後に外国で散発的に指揮したのも主として自分を売り込むのが理由だった。そして自身の作品の指揮も早々に、先に述べた個人的なつながりで養成した弟子たちに任せていた[3]。彼のなかば強いられた、なかば自発的な指揮活動からの引退の年譜に、メンデルスゾーンに対する論争の項目を書き込んでみると、ひとつの極めて納得のいく実像が浮かび上がってくる。それは事実を根拠としてはむしろ不可解に見えるこの熱狂的な解体行為を明らかにし、それによって同時にそれを流布する要因となった原動力を解明することにも寄与するものである。

I

伝記的な状況だけからはワーグナーの後年のメンデルスゾーンに対する嫌悪を説明することはできない。むしろいくつか証明となるのは、彼がメンデルスゾーンとの個人的な付き合いをけっして意識的に避けてはいなかったこと、彼がメンデルスゾーンのいくつもの曲、たとえばフランツ・リストも自分の交響詩の先駆的作品として認めていた演奏会用序曲を極めて高く評価すらしていたことである。加えてメンデルスゾーンは作曲家としてワーグナーにとって深刻な脅威ではありえなかった。というのも二人は全く異なるジャンルの作曲家だったので、自分たちの仕事領域を激しく競合するものではなく、むしろ相互補完的なものとして理解することができたからである。したがってメンデルスゾーンの作品で自分が気に入った部分について肯定的な評価をしたことは、ワーグナーにとってメンデルスゾーンの存命中はおそらく抵抗はなかっただろうし、純粋に戦略的な理由から偽っていたわけでもなく、完全に本気で述べられたものだろう[4]。

したがってワーグナーのメンデルスゾーンについての発言に攻撃的な調子が始まるのはメンデルスゾーンの死後になってからということが注意を引く。最も重要な関連史料は、一八五〇年の秋に『新音楽時報』に変名で連載発表された論文『音楽におけるユダヤ性』である。事実そこではメンデルスゾーンが典型例として、タイトルに描かれた現象の最も有名な代表者に仕立て上げられているのである。しかしながらワーグナーがメンデルスゾーンから公に距離を置くために、どんな理由からであれ、彼がもはや反論できなくなる時まで待っていたのだと説明したところで、それは皮相的で安易な思い付きにすぎないだろう。理由はむしろ先に言及したコンテクストの中にあり、そこに激しさを増すワーグナーのメンデルスゾーン攻撃の個々の項目を書き込まなければならないのである。チューリヒ亡命時代に音楽家としてのあらゆる活動から離れて、作曲家であり指揮者だったワーグナーは突然、それまで見られなかった程度に著述家の役割に目を向けた。その役割を生産的に果たしたことで、有名な一連のチューリヒ時代の論文が生まれたことは周知のとおりである。しかし、好んで三部作と見なされるこれらの論文（『芸術と革命』一八四九年、『未来の芸術作品』一八四九年、『オペラとドラマ』一八五〇－一八五一年）には四つ目の重要な著作として、まさしくあの「音楽におけるユダヤ性」に対する攻撃的な論考が加わる。この著作については、ここでメンデルスゾーンに対する誹謗ゆえに検討しておかなければならない。この不快な、しかしワーグナーの世界観にとって中心となるこの史料には二つのポイントがあることをここで強調しておきたい。第一点は作曲家メンデルスゾーンへの激しい蔑視であり、ここでは「ユダヤ人」である彼は「本当に内容のある創作をする能力がないこと」の格好の例とされているのである。第二点はそこから導き出された（そして後年には自身の攻撃的な論拠にまでさらに拡大された）結論部である。表面的には確かに魅力的だが、まさにそれゆえに内容のない芸術というのが「ユダヤ人たち」に特有の特殊能力の隠れた面であり、それは最高水準のものであっても模倣や複製することしかできない、というのである。この二つのポイントが、ワーグナーが攻撃的に描いた音楽の分野における「ユダヤ的」創造性という戯画の基盤を形成しており、この戯画を彼は、これを取り巻く著作の中で理論的に表明した自身の音楽劇の革新という理想像と対置するのに利用しているのである。たとえばマイアーベーアとは異なり、「ユダヤ人の」作曲家として唯一実名を挙げられているメンデルスゾーンは、依然として敬意が払われているとさえ言えるかもしれない。無能のレッテルを貼られた悲劇的なメランコリーへのある種の「憐み」[5]が、著者からワニの涙（そら涙）を誘い出している。それはもしかしたら、ワーグナーがこの同業者に生前は個人的に全き尊敬の念を示していたことの最後の反映であるかもしれない。しかし決定的なことは、すでにここにおいて、おなじみの言葉の武器が集められていることで、この武器が後にドイツのジャーナリズムにおいて、あらゆる反ユダヤ的言辞の実弾として使用されることになる。すなわち、如才なさ、繊細さ、芸達者、エレガンス、全く中身のない単なる話し上手、等々である。「真の表現をする能力がないこと」は、この音楽のカリカチュアをワーグナー自身の「純粋に人間的な」[6]芸術の暗い対極に置く。そして、すでにここに出てくる「ユダヤ人の音楽作品」に一般的に認められる「チクチク刺すような落ち着きのなさ」[7]という表現は、ワーグナーが死の直前になってもなお総括的に主張していた「ユダヤ的興奮状態」[8]という言葉を先取りしている。そこでは「ユダヤ的」浅薄さというレッテルが概念にまでなっているのである。

したがって、まさしくワーグナーがメンデルスゾーンの驚くべき技能の習熟を再三称えることができるがゆえに、数多く記録されたメンデルスゾーンの天才性の目撃証言は、音楽家ワーグナーにとって自身の劣等感を導くものにはならないのである。メンデルスゾーンが「そもそも彼以前にはわずかな音楽家にしか見られないほど天性の独特の音楽的才能を備えていた」[9]ことを彼はあっさりと認めている。しかし、まさにメンデルスゾーンのこの「独特の」音楽家の性質こそ、ワーグナーの目には不適切なものに見えているのである。だからこの論証においては、一見逆説的ながら、メンデルスゾーンの並外れた音楽的才能の諸症状、すなわち彼の絶対音感、卓越した音響イメージ、圧倒的な実技能力といったものは、ワーグナーの診断によれば単なる表面的な現象であり、それによって本来の深く内容のある音楽芸術そのものの衰退の証人となるのである。音楽的に優れた才能と作曲の天才との間の微妙な違いは、ワーグナーにとって競争者に悩まされない領域では明らかに嫉妬の対象にはならない。メンデルスゾーンに認められているような音楽性は、ここではまだ副次的な舞台にすぎない。このことは後年になっても基本的に変わることはないが、ひとつの区別がなされることになる。それによって後に開幕する本舞台、すなわち指揮という音楽解釈の芸術の実践は、注意深い読者には明確に見通すことのできる、ひとつのモティーフを獲得することになる。

パリに地歩を占めるという試みにまたしても失敗した一八五〇年の終わり、チューリヒ亡命中の無産者のワーグナーにとって、この論争には多くの他の役割と並んで、どちらかと言えばほとんど目につかない、さらにひとつの目的があった。それはパリのオペラ界への進出が無益であることを、そこで仕事の可能性を探るようしきりに迫ってくる周囲の人々(たとえばフランツ・リストや妻のミンナ)に納得させることである。その理由は彼が示唆しているところによると、フランス語を母国語としていない彼がパリで提供できるのは、彼が「ユダヤ人の」作曲家たちのドイツの音楽文化に対する態度について批判しているものに他ならないことが容易に見通せるからである(そしてメンデルスゾーンがバッハの後継者としては単なるエピゴーネンであり、それどころかまさしく寄生虫のような存在であるとして例示されている)。要するに、それは単に模倣にすぎず、深い内容に向って前進する可能性を欠いた様式の複製品そのものであるというのである。いずれにしてもこれは、パリでの失敗を暗黙のうちにマイアーベーアに責任転嫁したことと並んで、母国語であることと単なる音声の模倣を峻別するこの論文の「言語哲学」の牽強付会である。自分がフランス語のオペラの創作が上手くできないことをこれによって暗に正当化することが戦略的に巧みに行なわれており、これをメンデルスゾーンのドイツの音楽文化に対する関係に置き換えようとする明白な試みと同様に卑劣なやり方である。

> 「言語というもの、その表現や発展形態は個々人の作品ではなく、歴史的な共同体の所産である。物心つかないうちからその共同体に生まれ育った者だけが、その創造物にも与えることができるのである。」[10]

結局このチューリヒ時代の大論文の四番目には、実際の音楽活動から切り離された境遇の苦しみの感情が伝記的状況に刻みつけられている。それは上演の可能性が乏しいためにオペラの作曲ができないことであり、ドレースデンの楽長の地位を失ったことで音楽解釈の実践ができないことである。ここから、早くはあったが生涯の成功の頂点で亡くなったメンデルスゾーンの姿が負担になり始めた。ただしこの二点は、ほどなくして創造的な音楽活動を回復することによって、さしあたり満足できるほど埋め合わせることができた。ひとつは《ラインの黄金》の作曲の着手であり、二つ目はチューリヒ一般音楽協会で時おり指揮を引き受けるようになったことである。これは一八五三年五月にチューリヒで開催された「ワーグナー祝祭の先取り《アヴァン・ラ・レトル》」[11]にまで発展する。

II

いくつも記録されているワーグナーの「特別な音楽家」メンデルスゾーンに対する称賛は、けっして取るに足らないものではない。しかし特にそれは、普段は徹底的に批判している人間に対して何らかの種類の寛大さを示した証拠となるものではない。メンデルスゾーンの才能を認めてこの舞台に持ってきたことの後には、ひとつの戦略が続く。その潜在力をワーグナーは後に大きな体系をもって拡大し始めるのだが、ここでもそれは伝記的な防御の意識から出たものだった。音楽家としてメンデルスゾーンと競い合うことは（ワーグナーにとってだけでなく）同時代の誰にとっても見込みのないことだった。したがって誰にとってもそうだったのであれば、劣等感を増大させる理由はなかった。自身が劣っているという意識は、公にされるのは不本意であったとしても、辛辣なまでに皮肉ることはできた。後年のコージマ・ワーグナーの日記が伝えるところでは、ワーグナーは次のように言っている。

「私がこんな能無しだとは誰ひとり思いもしないだろう。私は全く移調ができないのだ。（…）メンデルスゾーンが私が作曲するところを見たら、呆れかえって両手を頭の上で打ち合わせることだろうよ。」[12]

そして五年後にもまた同様のことを言っている。

「Rは依然として自分自身は音楽家ではないとの考えにとらわれている！」[13]

だからすでに一八五〇年に示唆されていたのは、ほぼ二十年後に強力に拡充され、今度はようやく持続的な影響力をもつようになった論文『音楽におけるユダヤ性』（一八六九年）の再版にとって何が決定的な理由であったかということである。メンデルスゾーンはワーグナーにとって、文章中の皮相な文言とは裏腹に、全く作曲家としては重要ではなく、解釈者として重要だというのである。彼はゲヴァントハウス管弦楽団の指揮者として、また音楽院の設立者として、新しいタイプのプロフェッショナルの音楽の伝道者であり、同時代のコンサート文化に持続的な影響を与え始めていた。彼の創造力の不能とされているものは、ワーグナーの世界観においては、メンデルスゾーンには必然的に養成された再現の天才的能力と補完関係にある。ワーグナーはすでに一八五〇年に、ユダヤ人の芸術家には表現の可能性の生来の領域として「何を」ではなく「いかに」であることを認めている。

「気まぐれであったり、芸術以外の関心が吹き込まれたあとでは、いつだって彼（ユダヤ人）はあれやこれやの意見を述べることはできた。というのは彼は確固としたもの、必然的なもの、真実のことを発言する衝動をもったためしはなく、まさしく単に語りたいだけだったからだ。何をということはどうでもよく、当然いかにということだけが注意を払うべき要因として彼には残されていた

のである。」〔14〕

ワーグナーは一八五〇年に、自分の考えを同時代の読者にいくらかでも理解させるために、すでに一般に定着している先行思想に頼ることをひたすら求めていた。すでに一八〇二年にヨハン・ゴットフリート・ヘルダーが（彼自身は反ユダヤ主義者ではなかったが）、Kunstという言葉の両義性（「芸術」と「技術」）をもてあそび、ユダヤ人について次のように述べていた。

「もし彼ら（ユダヤ人たち）が海の英雄や芸術家や農民であるなら、所有していた財産や、世界中に離散していることを利して、彼らがどんな技においても第一級となることを妨げないような国々や時代において、とっくに並外れた業績を挙げていたことだろう。だが現実には、彼らが第一級となった例の技だけを今後も見せ続けるのだ。」〔15〕

ヘルダーが述べたユダヤ人が「第一級となった」技術とは、当時流布していた偏見によれば金銭を生み出す術、生産活動に従事せずに金銭を増やす謎めいた業のことである。全く同じことをワーグナーもまた一八五〇年の文章で述べている。ユダヤ人たちの目を輝かせるものは「本来の労働によらない稼ぎ、すなわち高利貸し」〔16〕である。

このワーグナーの文言の背景には、カール・マルクスが一八四四年に『ドイツ・フランス年刊』の中で発表した有名な論説『ユダヤ人問題について』を見ることができる。ワーグナーがこの論説を自分で読んでいたかどうかはともかく、彼が少なくともマルクスの思考過程を熟知していたことは、決定的な用語上の一致だけでなく、アウグスト・レッケルやその他の人々との徹底的な議論からも確実だと推定できる。マルクスの文章に表れている思考形態は、ユダヤ人に特有のものとして認定された性質を歴史哲学的原理にまで一般化することであり、これはマルクスにとっても歴史哲学的範疇の中で記述された解決策を導くものである。

「ユダヤ人にとってこの世の崇拝の対象は何か。暴利である。彼らにとってこの世の神は何か。金銭である。

ならばよかろう。暴利と金銭からの解放、すなわち実践的で現実のユダヤ性からの解放が、この時代の自己解放となることだろう。」[17]

本論の文脈において決定的なのは、マルクスがすでにここで（一八四四年）ユダヤ人の固有性を経済の領域で流通する貨幣と結び付けて記述していることであり、その用語は、異なった前提のもとではあるが、後に『資本論』第一巻（一八六七年）において体系的に展開されることになった。

「貨幣はイスラエルの民が熱烈に崇拝する神であり、その前に他の神が存在することは許されない。貨幣は人類のすべての神々を屈服させ、そして神々を商品に変えてしまう。貨幣はすべての事物の中で普遍的かつ自律的な価値である。したがって貨幣は全世界、人間世界、自然界から、それらの固有の価値を奪ってしまった。貨幣は人間から自身の労働や自身の存在を疎遠にしてしまう生き物であり、この異質な生き物が人間を支配し、人間はこれを崇めるのである。」[18]

『資本論』第一巻においては、貨幣が資本へと形を変えられる経済循環が同じ評価をもって（もちろんここでは、かつての反ユダヤ主義的歴史哲学を一切ちらつかせることなしに）「際限のない」[19] ものとして叙述される。この経済循環の中で再生産され増大してゆく貨幣は、マルクスによれば「資本が直接に流通世界に姿を現すような資本の一般的な公式である」[20]。かつては不明確だった「本来の労働によらない稼ぎ」（これは一八五〇年のワーグナーによる表現）のスキャンダルが、一八六七年にマルクスによってその秘密を暴かれ、膨大な理論の投入をもって説かれるのである。

すでに言及したようにマルクスにおいて『資本論』の発展段階で反ユダヤ主義的含意がなくなっていることには、もちろん体系的な理由がある。『ユダヤ人問題について』を書いた初期のマルクスにとっては、ワーグナーにとってもそうであったように、疎外がまずは（商品貿易の）流通世界において発生するのに対し、後期のマルクスは疎外、神秘化、「物神化」の過程を生産にいたるまで追求し、それらの過程を生産から根拠づけているのである。それによって流通の領域（それと共に「銀行家」の世界）は危険性と体系的な重みを失っている。したがって、この政治的経済の理論の発展と共に、かつての反ユダヤ主義的歴史哲学は両立できないものとなり、この歴史哲学は新たな理論に不必要となったのである。したがって、先に主張したワーグナーとマルクスの思想的近似性は、マルクスの理論の初期の著作にのみ通用することであり、これはワーグナーと同様、まだいわば自然主義的な労働概念を前提としている。それは「単なる再生産」や「分配」に対して「真の生産」の役割を果たすことを可能にするものである（ワーグナーの場合とは異なり、後期のマルクスにとっては、この単純な自然主義的労働概念は当然のことながら、もはや当てはまらない）。

III

一八六九年にワーグナーは彼の論争的な論文『音楽におけるユダヤ性』に大幅に加筆を施し、それを今度は小冊子の単行本として出版した。同時に彼はこの新版と並んで最新の論文『指揮について』を発表した。これも同様に最初は「新音楽時報」（一八六九／七〇年）に連載され、その後小冊子の単行本として世に出た。この二つの出版物は一見ほとんど互いに共通点がなさそうだが、双方から内容を照らし合っているので、併せて読まれなければならないものである。ここでは、たとえば音楽的な実践の問題を扱っているようにしか見えない文章であっても、メンデルスゾーンと関連づけると、その結論は初期のマルクスの教えから最終的に明らかにされたかのように、多彩で論争的な効果のために考え出されたがゆえに説明を要する「音楽銀行家」〔21〕という新造語が出てくるのである。そしてまたしても、以前の一八五〇年の『音楽におけるユダヤ性』の場合と同じく、出版の時期が偶然というわけではない。

ワーグナーの大規模な論文『指揮について』は、その作用史上の意義がつとに認められている。それは今日、一九世紀の最も重要な解釈美学の文献として議論の余地なく正当に通用している。だからこの論文が美学上の主要文献の領域に属することは、もはや事細かに証明する必要はない。内容を記述する場合でも、おそらく手短かに伝えるだけで十分だろう。この論文が有名になったのは、文章中で展開されたテンポ変化の美学のためである。ここで初めて包括的に提示されたワーグナーの解釈美学の中心には、正しいテンポの選択がある。ワーグナーの主張によれば、これもまた「メロディーを正しく把握」

して初めて見極められるものである。メロディーと、それに左右されるテンポは、この文章の双璧となる中心的な概念である[22]。ひとつの楽曲を歌謡性から、つまり一貫して意味で満たされた「メロディー」として把握することが、ワーグナーにとっては適切な理解の基盤となり、それによって正しい演奏の基盤ともなるのである。ワーグナーによれば、この深部に触れる認識にとってキーポイントとなった自身の青年時代の体験は、パリ音楽院管弦楽団を指揮したフランソワ・アブネックのベートーヴェン解釈であった。彼はワーグナーにとって、けっして理想の天才的指揮者ではなかったが、議論の余地のない長所を持ち合わせていた。彼はオペラの歌唱に由来する第一級のベートーヴェン解釈者であり、メロディーの根本的な意味を理解し、そこから実践的な結論を引き出していた。正しい（あるいは適切なと言った方がいいだろう）テンポを選択することで、演奏されている音楽作品について、いくつもの洞察を得る可能性ががあり、生まれてくるのである。このことはパリのアブネック体験の前には、たとえばベートーヴェンの第九交響曲のことを考えてみても、ワーグナーにとってさえ理解が難しいことだった。曖昧ではあるが、メンデルスゾーンに仕掛ける論争にとっては決定的となる、この独特な論拠の結論は次の点にある。ベートーヴェンの器楽のメロディーは歌唱性に帰せられ、その複雑なモティーフの網の目を歌えるようにしておこうとするならば、概して設定が速過ぎるテンポを一般的には遅くするのが正解である。まさしくこのことによって、アブネックがパリで指揮した第九交響曲がワーグナーにとって「啓示」[23]となったのである。したがって重要なのは、単に正しい「基本テンポ」だけでなく、その都度のメロディーの素材（そしてそれと共にその都度の部分音形）の性格を考慮したフレクシブルな「テンポ調整」[24]である。これをワーグナーは自身が指揮した《魔弾の射手》序曲を例にして説明し[25]、最後には《ニュルンベルクのマイスタージンガー》の前奏曲と最終場面を例として具体的に示している。確かに彼は、両極の間を多彩に取り持つデュナーミク[26]にも着目してはいるが、その詳細は明らかに切り詰められ、それに続くテンポ調整の議論を優先させて、これが論文の終結部の大部分を要している。双方の次元においては「ニュアンス」が重要な概念となる。そのようにアゴーギクとデュナーミクでニュアンスを付けられた音楽は「生き生きと語る」[27]のでなければならない。

この箇所で決定的なのは、ワーグナーが主張するベートーヴェンの後継者の根本的な意味を自らに明らかにすることである[28]。ベートーヴェンの交響曲と、解釈者に向けられたその要求というテーマが、この論文の膨大な中間部分の全体に捧げられている。表現、意味、内容で隙間なく貫かれた音楽の中に、絞り込めば、ワーグナーが「メロディー」として強調し、他の場では「無限旋律」とまで称しているものの中に、ワーグナーは「ベートーヴェンの前代未聞の革新」[29]を見ている。ワーグナーはベートーヴェンの歴史的業績として「情感豊かな」アレグロの発展を挙げている（一方モーツァルトにおいては「素朴な」アレグロである）。そこから彼にとって必然的にもたらされる結論は「ベートーヴェン以降、音楽の扱いと演奏という観点からは、それ以前とは本質的に全く違ったものが生まれた」[30]ということである。このベートーヴェンの文化史的な意味が、作曲家であり指揮者であるワーグナー[31]の歴史観と自己理解を形成している。それによって初めて、彼にとって解釈というものが、彼の音楽概念に欠かすことのできない構成要素となるのである。

したがって、この文章をもって極めて鮮明に明らかにされていることは、ワーグナーは彼自身の見解によれば、ベートーヴェンの視点からのみ適切に理解されるということである。それも正しく的確に解釈されたベートーヴェンからである。

それまであまり注意を払われていなかった音楽の実践という次元は、一九世紀の流れの中で次第に「解釈」という名誉称号を獲得するにいたり、ここではあらゆる音楽理解がその質に左右されるという段階にまで根本的な価値が高められている。結論として言われているのは、聴衆が誤って解釈されたベートーヴェンに馴染んでしまうと、宿命的に適切なワーグナー理解への道が妨げられることになってしまうということである。ここですでにワーグナーがこの文章を書いた動機の第一段階が明らかになる。つまりワーグナーによれば、不十分なベートーヴェン理解からは必然的に不適切なワーグナー理解が生じるという、まさしくこの悲惨な状況がドイツにおいて広く拡散した悲劇的な実情であるというのである。ワーグナーの強い主張は次のように理解される。彼は「本来のベートーヴェンは我々の国ではまだ幻にすぎないと思っている」[32]。ドイツにあっては「我らの偉大な生きたベートーヴェン」[33]は、（リストやビューローによる解釈のような）わずかな例外を除いて依然として姿を現していないからであるという。必然的にこれはまさに自分自身の作品の適切な理解のためでもある。「我々の音楽はどうなるのだろうか。ここで問題になりうるのは結局そのことだけだ」[34]。これが、この文章の中に根底で継続しているメンデルスゾーンと彼の楽派の解釈文化に対して仕掛けられた論争の開始部分である。ワーグナーが第九交響曲にみずから実践的にも理論的にも多くの関心を捧げてきたことの意義を知っていれば、ここで彼のメンデルスゾーンに対する不当判決の意味を解く鍵を実際に知ることになる。彼自身は第九交響曲をメンデルスゾーンの指揮で聴いたことがないというのは驚くべきことである。それどころか彼は全く予期しなかった重要証人を自分の見解のために呼び出している。

「ローベルト・シューマンはかつてドレースデンで私に訴えたものだ。ライプツィヒのコンサートでメンデルスゾーンが第九交響曲を聴く楽しみをすべて台無しにしたという。それは何よりも第一楽章の速すぎるテンポのせいだった。」[35]

これに対して自伝では記述が和らげられ、メンデルスゾーンはこの証人の「第九交響曲を聴く楽しみをすべて台無しにした」わけではなく、それは第一楽章に関してだけであり、これをシューマンは「ライプツィヒで毎年、メンデルスゾーンの指揮による歪められた急ぎ過ぎる演奏で聴かされるはめになった」[36]という。あまりに性急なテンポ（皮相的な解釈の結果）に対する非難は、ワーグナーのメンデルスゾーン批判の基調であり続ける。メンデルスゾーンは先にすでに引用した「チクチク刺すような落ち着きのなさ」と「ユダヤ的興奮状態」という決まり文句であっさりと片づけられている。

しかしワーグナーは第九交響曲を一度もメンデルスゾーンの指揮で聴いたことがないにもかかわらず、主としてその曲の不適切なテンポを根拠に不当判決を下しているのだが、それだけでなく彼はメンデルスゾーンが一八四六年二月一二日にライプツィヒの慈善演奏会でプログラムに取り上げていた自身の《タンホイザー》序曲も聴いていないのである。

この演奏会の一週間後になってもワーグナーはこの演奏や反応について何も知らされていないことは、一八四六年二月一八日付のフェルディナント・ダーフィト宛の彼の手紙が示している[37]。それにもかかわらず彼は二十年も経ってから、メンデルスゾーンがこの序曲のテンポを「不当に駆り立てた」と報告してのけ、それに対するこのライバルの極めて低次元の動機も一方的に決めつけている。すなわち「見せしめの例として提示するために」[38]意図的に作品を歪めたというのである。約言すれば、判明している限りでは、そもそもワーグナーはメンデルスゾーンがベートーヴェンを指揮するのをたった一度しか聴くことができなかった。それもライプツィヒではなくベルリンにおいてであり、第八交響曲のリハーサルに際してのことだった。それに引き続いて行なわれた通し演奏を彼は、いかにも彼らしく「異常に滑らかで娯楽的だ」と感じた[39]。しかし第八交響曲は、これまた彼がメンデルスゾーンに対して否定的な例として何度も好んで引き合いに出すもうひとつの作品である。ただ、ここでは第九交響曲の場合よりは証明の仕方がかなり遠回しであるだけである。メンデルスゾーンはドレースデンでゴットリープ・ライシガーがこの曲を指揮した際にワーグナーと共に訪れ、ワーグナーが第三楽章（メヌエット）の速すぎるテンポを批判したことに賛意を示したということである。この反応に自身が驚いたと述べることでワーグナーは、お馴染みの語彙を狙い通り投入し、この指揮者論の中で描こうとしたメンデルスゾーン像を完成させている。「私は皮相な物の真の深淵を、完全なる空虚を覗き見たように思った」[40]。

したがって、この指揮者論の中心にはライプツィヒ音楽院とライプツィヒ・ゲヴァントハウスの演奏美学に対する闘争がある。これに対してワーグナーは彼の反ユダヤ主義的妄執を背景にして、憎悪と多義性を込めた「音楽銀行家」という造語を考え出す。これは単に誰もが容易に見抜けるメンデルスゾーンの社会的出自への当てつけであるだけでなく、先に言及した経済上の循環の領域と音楽上の演奏の領域のアナロジーの視点からのみ理解することができる。このことはワーグナーがすでに一八五〇年に関連づけていたことであった。しかし、深みの欠如ということは今度はもはや（一八五〇年でもそうだったが）作曲家としてのメンデルスゾーンについて主張されることはなく、メンデルスゾーンのベートーヴェン理解における「皮相な物の深淵」に対するワーグナーの激昂した眼差しを思い出してみれば分かるように、指揮者として問題にされているのである。

楽劇をベートーヴェンの交響曲の遺産と結び付け、歴史哲学的な構築をしようというのは、単にひとつ主張という域を遥かに超えている。ワーグナーの楽劇をベートーヴェンの交響曲の正当な相続人とする思想は、ワーグナーにとって極めて真剣に考えられた結論であり、ベートーヴェンの交響曲が繰返し演奏されることによって定着し、その適切な解釈文化がドイツに確立しないうちは、ワーグナーは自身の楽劇の創作にとってチャンスのかけらもないと見ているのである。これをそれまで効果的に妨害し、それによってワーグナーの作品が受け入れられる道を遮っているのは、ドイツですべての重要な地位を占めているがゆえに影響力の大きいメンデルスゾーン一派に歴史的な罪があると彼は考える。ワーグナーがこの指揮者論の中で概念的に確言しているのは、適切なワーグナー理解のためにはベートーヴェン理解が前提だということである。だからこの指揮者論の出版が、単行本となった『音楽におけるユダヤ性』の増補新版および『オペラとドラマ』第二版と並行して行なわれたのは偶然ではない。

これらの関係が必然的で偶然ではない同時発生であることを認識すれば、一八六九年の終わりにおけるワーグナーの複雑な動機というものがいっそう明らかになるだろう。メンデルスゾーンは、彼と並んでさらにヨーゼフ・ヨアヒムとフェルディナント・ヒラーが同じ目にあわなければならないとしても、ワーグナーの目と耳にとっては皮相的で誤ったベートーヴェン理解による演奏の本来の範例なのである。一八六九年に再版された『音楽におけるユダヤ性』の加筆部分では、この物の見方が精確に総括されている。

「この論文の以前に出た旧版において私は結局のところ次のようなことを指摘した。ベートーヴェン以後の時代に我々ドイツの音楽創作が弱体化し不毛になったのは、この領域にユダヤ人の侵入を許したからである。（…）この奇妙な一族は現在、音楽を作曲すること、そして遺憾なことに（！）指揮することまで、ほとんどすべてを手中に収めているのである。」[41]

したがって、この指揮者論を純粋に美学的な論文として読むことは間違っている。実際そのようなものではないし、第一義的にそのようなものであるとすら言えない。ワーグナーは、特別に音楽の解釈に従事する新しい職業階級が登場したことを確認している。彼らは歌劇場でも町のコンサート協会でも、劇場の日常の業務から実践的に叩き上げた古いタイプの楽長たちに取って代わり始めていた。

「これが今日の音楽銀行家であり、彼らはメンデルスゾーン一派の出身であるか、あるいは彼の推薦の後ろ盾によって世に出てきたのである。ただし彼らは昔気質の音楽家のどうしようもない弟子たちとは全く異なるタイプの人間である。オーケストラや劇場で育った音楽家ではなく、新しく設立された音楽院で、オラトリオや詩篇の作曲をしたり定期演奏会のリハーサルを聴いたりしながら洗練された教育を受けてきたのである。彼らは指揮についてもレッスンを受けており、加えて、それまで音楽家の間では全く見られなかったようなエレガントな教養を身につけている。」[42]

反資本主義と反ユダヤ主義が類似の概念であるとする結論が、ワーグナーの論証によって解釈美学の領域に入り込んでくる。「皮相性」[43]、「エレガントな楽長気取り」[44]、「陳腐化」[45]、「存在のあらゆる深刻さや恐ろしさと安直に折り合う姿勢」[46]、「滑らかで全くスパイスの効いていない演奏様式」[47]、「人畜無害」[48]といった語彙がこの文章の中に一様に振りまかれている。これらの言葉の組み合わせからワーグナーの論説においてユダヤ的演奏美学シンドロームともいうべきものが成立している。「存在のあらゆる深刻さや恐ろしさと安直に折り合う姿勢」はメンデルスゾーンによるベートーヴェンの交響曲の解釈に特徴的なものとされ、これがワーグナーの視点からすれば、この解釈方法に慣らされたコンサートの聴衆からワーグナーの楽劇へ目を向けるあらゆる機会を奪っているというのである。ワーグナーの楽劇からは「存在のあらゆる深刻さや恐ろしさと」取り組むことなしには何も得られないからである。

このように論争が先鋭化したのは、ワーグナーが自身の置かれた状況を惨めであると感じていた結果であることは疑いない。ワーグナーはこの時期、すでに長いこと、二度目のスイス亡命の中にあった。もはや政治的に追われる身ではなかったが、以前と同じくドイツの音楽界に影響を及ぼすあらゆる可能性から切り離されていた。しかし、この時期にこれらの出版に踏み切ったことを理解するためには、この一八六九年の秋にワーグナーに辛い打撃を与えることになった二つの事件を考察しなければならない。ワーグナーの指揮者論において肯定的な言及がなされ、まさしく反メンデルスゾーン論争のために対比的に引き立てられているのは、もちろんリストを別とすれば、たった二人の演奏家だけである。ひとりはハンス・フォン・ビューローで、ミュンヘンにおける《トリスタンとイゾルデ》と《ニュルンベルクのマイスタージンガー》の初演の指揮者である。もうひとりはハインリヒ・エッサーで、ウィーン宮廷歌劇場の指揮者だった彼は、最初は大いに期待されたウィーンでの《トリスタン》のリハーサルを驚くべき理解力をもって担当し、またコンサート指揮者としてもワーグナーの大きな称賛を得ていた。ドイツ語圏においてようやく築かれようとしていたワーグナー解釈の伝統（すでに言及したように、その基盤は新たなベートーヴェン解釈でなければならない）の支柱ともいうべきこの二人と、一八六九年の秋に突然関係が断たれ、その隙間は埋めようもなかったのである。ビューローは一八六九年七月にミュンヘンの職を辞し、ワーグナーの私的な裏切り行為に深く傷ついて自発的にフィレンツェに引きこもってしまった。そのためにフランツ・ヴュルナーの指揮による《ラインの黄金》と《ヴァルキューレ》の未公認初演の道を開いてしまったことをワーグナーは自身の大きな敗北だと感じていた。そしてウィーンの腹心であったハインリヒ・エッサーは一八六九年一一月の初め、ちょうどワーグナーが指揮者論を執筆している時期に宮廷歌劇場指揮者の仕事を辞めたのである。それは健康状態の悪化を理由に以前から考えていた決断だった。こうしてワーグナーは一撃で再び孤独な状態に置かれ、最初のスイス亡命時代と同様にあらゆる影響力を奪われて、規範となる解釈の伝統を確立する見込みもなくなったと感じざるをえなくなった。したがって一八六九年の終わりに一連の目立った出版に踏み切ったのは、ある種の絶望から生まれた行為だった。それが『音楽におけるユダヤ性』の増補改訂版と『オペラとドラマ』の新版に加えての長大な論文『指揮について』の執筆だったのである。

この指揮者論と、そこで展開されるメンデルスゾーンに対する論争は、このコンテクストにおいて理解することに意味がある。これを背景とすることで、真のベートーヴェン解釈についてのワーグナーの論述は、存在に関わる、まさしく攻め立てるような衝撃性を得るからである。したがって、この指揮者論にワーグナー自身の解釈実践の再現を求めることはさほど重要ではない。それよりも重要なのは、一八六九年の終わりにワーグナーにとってこの論文が切羽つまった現実的な意味をもっていたことを伝記的に明らかにすることである。それは、ようやくこれから確立するはずの音楽実践への誓いであり、ワーグナーにとって、その先すべてはこれが成功するかどうかに懸かっていると思われたのである。ワーグナーが適切に理解されるか、あるいは、彼が当時危惧せざるをえなかったように、メンデルスゾーンがドイツに設定した解釈文化によって決定的に捉え損なわれてしまうかは、実際に演奏されている音楽次第なのである。したがって、この歴史的に重要な論文にこの近代的指揮者の自己理解を求めるのは正当だとしても、その核心はアゴーギクやデュナーミクでニュアンスを付けた近代的な解釈美学ではなく、この次元の根本的な意味について同僚音楽家たちや聴衆に対して意識を高めたという事実である。ワーグナーがドイツ人たちの共通の音楽意識に入り込んでいくのは、今日では明らかなように、一八七〇年には目前のことではあったが、ちょうどこの時期は、この著者ワーグナーが危惧せざるをえなかったように、国中に十分行きわたっていたとは言えない音楽実践によって著しく危機的な状況にあった。そのように認識していたワーグナーにとっては、まさに自身の芸術的生存が危機に瀕していたのである。後の受容においては、この論述のいわば熱い息遣いは冷却され、これを歴史的に重要なものとして捉え、テンポの調整といったいくつかのキーワードを強調することによって研究に値する正常な論調に置き換えられた。しかしワーグナーにとって、この熱い息遣いは、まさにすべての攻撃性の副次的意味や反ユダヤ主義の内包的意味と共に困窮の叫びに他ならなかった。このことは後の歴史の流れを知った今日の視点からすれば安んじて一笑に付し、片隅に追いやられる事実かもしれないが、歴史学者の視点で一八六九年から七〇年の時期を振返るならば真剣に捉えるべきであろう。ワーグナーが確言しているように、音楽解釈とは教養市民層の気楽な楽しみなどではなく、生死を懸けた事柄なのである。彼自身は、自分の楽劇の深い真理は正しいベートーヴェン解釈によってのみ理解されうると固く信じていた。しかし、それがメンデルスゾーンのせいでドイツには（まだ）存在していないというのである。ただし、このディレンマがワーグナーにとって後にバイロイトで本当に満足がいくほど解消されたかどうかは、新たなフラストレーションが生まれ、それによって「見えない劇場」を望むという挑発的な物言いと相まって、いくつかの根拠をもって疑われる。

IV

疑いもなく優れた指揮者であったメンデルスゾーンの業績を大まかにでも正当に評価しようとすることは、ここでの目的ではありえなかった。それより重要なのは、メンデルスゾーンの長い影に対するワーグナーの不安であり、その不安の原因を再構成することだった。それでも、少なくとも二つの判断を論拠として持ち出すことにしよう。これらは最終的に事態の客観的な実像を証明する役割を果たすことはできないが、いかにワーグナーのメンデルスゾーン像が攻撃的な戦略によって想定された結果であったかを感じさせるものではある。ワーグナーが自身の創作の勝利への道を切り開くためには、その戦略によって自分が主観的に信じてすらいた戯画を破壊しなければならなかったのかもしれない。ワーグナーに対して懐疑的だったことで知られるヨーゼフ・ヨアヒムは、すでに一四歳のときライプツィヒ・ゲヴァントハウスでメンデルスゾーンの指揮によりベートーヴェンのヴァイオリン協奏曲を弾き、最終的にこの曲の演奏の規範となる地位を獲得していた。彼は後にはっきりと書き記している。メンデルスゾーンは「ワーグナーが陰口を言っているような、表面的に滑るように進んでゆくという演奏とは天地ほどかけ離れていた」[49]ということである。この判断は、他にも多くの事例を傍証として挙げることができるだろうから、疑いもなく重みをもっている。もうひとり、ライプツィヒ・ゲヴァントハウスの演奏会記録者で、一八三五年に一五歳の生徒としてライプツィヒにやって来たアルフレート・デルフェルの証言も信用してよいだろう。彼はほとんどすべてのメンデルスゾーン指揮の演奏会を聴いたばかりでなく、そもそも長い生涯において、おそらくほとんどすべてのゲヴァントハウスの演奏会を聴くことができたのである。

「疑いなく言えることだが、みずから演奏家としてメンデルスゾーンの魔法の指揮棒のもとでステージに立ったことがある者、みずから聴衆として彼の指揮した優れた音楽作品を聴いたことがある者は、これまで指揮者として彼の天才に匹敵する者は誰ひとりしていなかったことを喜んで認めるだろう。」[50]

このようにデルフェルは一八八四年の記念の年にかつてのライプツィヒの解釈文化を回想している。ワーグナーは長期にわたる自己証明の過程の中でこの文化から厳しく距離を置かなければならなかったので、これを歪曲してカリカチュアにしたのである。したがってワーグナーの動機を真剣に受け止めることはできるが、だからといって、それに共感を見出す必要はない。

一方でワーグナー自身の指揮も、同様にきわめて批判的に、まさしく攻撃的に捉えられることがありえた。それはたとえば、その間にワーグナーから離反したフリードリヒ・ニーチェの視点である。彼は後年の一八八八年の手紙の中で、一八七一年一二月二〇日のマンハイムでのワーグナーによるモーツァルトの指揮を振り返って思い起こし、指揮者論以来ワーグナーの名前と不可分になっていたテンポ調整とデュナーミクによるニュアンスづけについて、まさしくデカダンスの兆候として記述している。

「マンハイムでの《魔笛》序曲の演奏は（…）是が非でもという行き過ぎた活力によって、そしてコントラストの正真正銘の過剰によって、演奏におけるㇸ一種のベルニーニ主義[訳注]のようなものだった。」[51]

しかし後年のニーチェが回想の中でワーグナーの指揮を自身が「デカダンス」の診断を下すことを前提としてしか聴こうとしなかったように、後年のワーグナーもまた追憶の中にある指揮者としてのメンデルスゾーンを致命的な徹底性で自身のカテゴリー体系のために犠牲にした。それによって彼は、重要な著作『指揮について』が急速に評判を得ていったのに乗じて、メンデルスゾーンの死後の名声を長きにわたってひどく損なったのである。このことは今日、彼自身に跳ね返って影を落としている。ただし受容史を道徳的な範疇で審理することは簡単にはできない。

◉原注

1 参照：das Themenheft „Wagner und seine Dirigenten“: wagnerspectrum 5 (2009), H.1.

2 この問題について著者の手になる二篇の関連論文を参照：Hans-Joachim Hinrichsen, „Tempo, Tempo, meine Herrn“. Mendelssohn als Dirigent, in: *Mendelssohns Welten. Züricher Festspiel-Symposium 2009* (Züricher Festspiel-Symposien, Bd. 2), hrsg. von Laurenz Lütteken, Kassel etc. 2010, S. 72-88; ders., Wagner als Dirigent, in: *Wagner-Handbuch*, hrsg. von Laurenz Lütteken, Kassel etc. 2012, S. 38-41. さらに参照：Norbert Heinel, *Richard Wagner als Dirigent*, Wien 2006.

3 参照：Hans-Joachim Hinrichsen, Dirigenten um Wagner, in: *Wagner-Handbuch*, S. 432-436.

4 これについては本巻の Egon Voss による寄稿を参照：Richard Wagner und Felix Mendelssohn Bartholdy. Chronologie eines ambivalenten Verhältnisses.

5 JM 2015, S. 135.

6 このカテゴリーはチューリヒ時代の論文群の美学に一貫している特徴なので、ここでは個別の証拠を挙げることはしない。

7 JM 2015, S. 131.

8 CT, S. 1055 (Eintrag vom 23. November 1882).

9 JM 2015, S. 132.

10 同書 S. 122.

11 Eva Martina Hanke, *Wagner in Zürich – Individuum und Lebenswelt* (Schweizer Beiträge zur Musikforschung, Bd. 9), Kassel etc. 2007, S. 269-289.
12 CT 1, S. 404f. (Eintrag vom 23. Juni 1871).
13 同書 S. 971 (Eintrag vom 17. Fabruar 1876).
14 JM 2015, S. 126.
15 Johann Gottfried Herder, Bekehrung der Juden, in: ders., *Adrastea*, Bd. 4, 1. Stück, Leipzig 1802, S. 164; ここは Jens Malte Fischer のコメントより引用：JM 2015, S. 41.
16 JM 2015, S. 125.
17 Karl Marx, Zur Judenfrage, in: Karl Marx und Friedrich Engels, *Werke* (Marx-Engels-Werke, im Folgenden: MEW), hrsg. vom Institut für Marxismus-Leninismus beim ZK der SED, Bd. 1, Berlin 1957, S. 347-377, hier S. 372.
18 同書 S. 374f.
19 Karl Marx, *Das Kapital. Kritik der politischen Ökonomie. Erster Band*, in: MEW, Bd. 23, Berlin 1974, S. 167.
20 同書 S. 170.
21 参　照：Hans-Joachim HInrichsen, „Musikbankiers“. Über Richard Wagners Vorstellungen vom „Judentum in der Musik 〃, in: *Musik & Ästhetik* 5 (2001), H. 19, S. 72-87.
22 SSD 8, S. 274. *Ueber das Dirigiren* というタイトルの綴りは単行本の初版 (Leipzig 1870) に従っている。
23 同書 S. 273.
24 同書 S. 275.
25 参照：同書 S. 296-303.
26 参照：同書 S. 283-285.
27 同書 S. 299.
28 参照：Hans-Joachim Hinrichsen, Geschichtsphilosophie und Interpretationsästhetik. Wagners Beethoven-Deutung, in: *Richard Wagner. Persönlichkeit, Werk und Wirkung* (Leipziger Beiträge zur Wagner-Forschung. Sonderband), hrsg. von Helmut Loos, Markkleeberg 2013, S. 207-213.
29 SSD 8, S. 289.
30 同書 S. 290.
31 参　照：Klaus Kropfinger, *Wagner und Beethoven. Untersuchungen zur Beethoven-Rezeption Richard Wagners* (Studien zur Musikgeschichte des 19. Jahrhunderts, Bd. 29), Regensburg 1975, S. 111-132.
32 SSD 8, S. 291.
33 同書 S. 321.
34 同書 S. 320.
35 同書 S. 276.
36 ML, S. 286.
37 参照：SB 2, S. 487(Brief Richard Wagners an Ferdinand David vom 18. Februar 1846).

38 SSD 8, S. 327. そもそもメンデルスゾーンがこの演奏会の指揮者であったかどうかも全く確実ではない（本巻のMarion Recknagelによる寄稿を参照）。

39 同書S. 276, メンデルスゾーンの練習方法について興味深い批判的なコメントがある。

40 同書S. 281. このエピソードのさらなる証拠についてはML, S. 285, 352を参照。

41 JM 2015, S. 148.

42 SSD 8, S. 266.

43 同書S. 281.

44 同書S. 290.

45 同書S. 302.

46 同書S. 314f.

47 同書S. 317.

48 同書。

49 引　用：Eric Werner, *Mendelssohn. Leben und Werk in neuer Sicht*, Zürich und Freiburg im Breisgau 1980, S. 282.

50 Alfred Dörffel, *Geschichte der Gewandhausconcerte zu Leipzig vom 25. November 1781 bis 25. November 1881*, Leipzig 1884, S. 85.

51 Friedrich Nietzsche, *Briefe. Januar 1887 – Januar 1889*, hrsg. von Giorgio Colli und Mazzino Montinari (Briefwechsel. Kritische Gesamtausgabe, Bd. III/5), Berlin und New York 1984, S. 413-416 (Brief Friedrich Nietzsches an Carl Fuchs vom 9. September 1888), hier S. 415.

◉訳注――

ジョヴァンニ・ベルニーニ（一五九八－一六八〇）はイタリアのバロック美術を代表する画家、彫刻家、建築家。ここでニーチェが言っている「ベルニーニ主義」とは「装飾過多」という意味のネガティブな形容であろう。

エッセイ

ヴァーグナーに魅せられて

今尾　滋

　思えば長い道のりであった。出会えるのにこんなにも時間がかかったとは……。

　私とヴァーグナーとの出会いは私が中学生の頃。随分昔のような気もするし、つい最近のような気もする。子供の頃から歌が大好きで、テレビアニメやヒーローものの主題歌、祖父の手ほどきによる軍歌などを歌いまくっていた小学生時代から漸く脱して、校内合唱コンクールの課題曲である邦人作曲家による合唱曲や、『天地創造』、『アイーダ』などを知るようになった頃の話である。とは言え、ブラスバンド部所属の友人から「今尾はやっぱりクラシックが好きなの?」と問われ、「いや、そんなんじゃなくて、ヴィヴァルディの四季とか?」と返して友人を絶句させる程度の関心しかなかったわけではあるが。

　音楽に加え、中二病的に語学と芸術・文化に関心を持ったお陰で、同類の友達は結構できた。その内の一人にMがいた。初期の私のクラシック音楽に関する知識は彼に負うと言っても過言ではない。名前だけは知っていたカラヤンが指揮者であることや、フルトヴェングラーという指揮者がいることも初めて知ったし、交響曲全集という括りのレコードがあって、仮にもクラシック音楽のファンをもって任じるならば、ベートーヴェン交響曲全集の一つも持っていなければならない（?）ということも初めて知った。兼ねてからクラシック好きだった父に、リリースされたばかりのフルトヴェングラーの交響曲全集（特典のレターセットはいまだに持っている）を買ってもらい、早速聴いた。「第九」ではそれまで知っていた第九のテノールソロと全く違う音色のテノールに違和感を持ったのを覚えている。まさか後に自分が同じ違和感の犠牲になろうとは、この時は知る由もない。

　こうして中学生なりに私はクラシックに嵌っていくのだが、そんな頃に事件が起きる。ある日、M一党が妙に興奮して話すことには、何でもウィーン国立歌劇場なるものが初来日して、その放送が今夜あるのだとか。歌劇場?　なんのことか分からず取りあえず時間分のカセットテープを用意して、父のラジカセでエアチェックした。演目はベームの振る『フィガロの結婚』だったが、内容など分かっていない。怪しからんことに肝心の演奏にも、この時はそれほど感動したわけではない。

私が興味をひかれたのは開演までのつなぎに放送された、ウィーン国立歌劇場の歴史についての解説である。大町陽一郎氏をゲストに後藤美代子アナウンサーが歴代の総監督の音源を交えながら、シュターツオーパーの歴史を辿っていく内容だが、マーラー、ワインガルトナー、シャルク等の名が挙がったのち、指揮はしても総監督にはならなかったという注釈付きで、ブルーノ・ワルターの名前が挙がった。そして紹介された音源がラウリッツ・メルヒオールの歌う「冬の嵐は過ぎ去り」だったのである。

嗚呼、今にして思えば、この時こそ私の運命が決まった瞬間であった！

メルヒオールの歌うジークムントはテノールとは思えないくらい、暗く、陰影に富んだ音色だった。そしてその高雅な歌い回しに私は強く惹かれた。この時以来、メルヒオールは私のヘルデンテノールのリファレンスとなった。

ただこの時点では、メルヒオールのように歌いたいと思うことはなかった。何故なら中学の音楽教育の世知辛い事情のせいで、ちょうどこの年に私はテノールからバスにパート替えされていたからである（それを告げられた時何故か涙が出てきたことをよく覚えている。当時は不思議でならなかったが、今はその意味がよく分かる）。ヴァーグナーの作品は、一九八一年バイロイト音楽祭の放送をエアチェックして熱心に聴いていたが、私の関心の中心は専ら低声歌手にあり、その真似をして歌うことに一生懸命だったのである。この拙文を書くために昔エアチェックしたテープを引っ張り出してみて、そこにホフマン、シュンク、イエルザレム、コロの名前があることを知り、己の見識のなさに少なからず自己嫌悪に陥っているところである。これだから子供は！

その後イタリアオペラに関心が移るが、大学時代に「ジークフリートの葬送行進曲」を聴いてヴァーグナー熱が復活。取り返しのつかないほど完全にヴァグネリアンとなってしまった。その後オペラ好きが高じて、私の人生は法曹の道から歌の道へ大転換するわけだが、最初に行ったレッスンで、テノールである可能性を示唆される。その頃は自分のことをバスかバリトンだと思っていたし、何よりも低声の役が大好きだったのでそれ程嬉しくはなかったが、ヴァーグナーのテノールが歌えるかも知れないと思うと話は別だった。もっともその思いを当時の師匠に訴えたところ、あれは年を取って上が出なくなったらやるものだと教えられ、テノールになることへの興味はひとまず沈静化する。

だがその後も節目節目でテノール疑惑は付きまとった。そうした疑惑を一笑に付すことが出来ず、どこかで引っかかるものを感じていたのは、何より自分自身に納得がいっていなかったからの様に思う。バリトンとしての自分の声にも、世間の評価にも。

相変わらずヴァーグナーを聴くのは好きで、様々な演奏や数々の録音に親しんだ。しかしヴォータンやオランダ人を歌う歌手の声を聴くたびに、自分の声では逆立ちしてもこんなものは歌えないと思うと、歌手として虚しさと寂しさを感じるのであった。

ヴァーグナーはファンとして聴くだけにしよう。それで充分じゃないか。そう踏ん切りがつき始めた時、学生時代から出入りしているサントリーホール・オペラアカデミーである出会いがあった。サントリーホールではホール・オペラと銘打って、ホールの構造の特質を生かしたオペラ公演を主催しているが、ある公演で私はスカルピアのアンダースタディをやらせてもらっていた。指揮者は新進気鋭のニコラ・ルイゾッティ氏である。稽古中ずっともの言いたげだった彼の態度から、ああ、私は気に入られていないのだな、と思っていたが、ある日彼は意を決したように言ったのである。「僕は誠実で正直でいたいから言うが、君はバリトンではなくてテノールだ。テノールだったらリリコ・ピエーノだが、バリトンだったらメッゾ・カラッテレ（イタリアの呼称で、主に脇役をやる声のこと。ブッフォ系の声を指すこともある）だ。」

こういうことは今までに何度かあったし、いつものテノール疑惑だと思って一笑に付すこともできたと思う。だけどその時は何かが引っかかった。リリコ・ピエーノのテノールになれるかもしれないと示唆されたためだったかも知れない。それだったらヴァーグナーが歌える！それまで何度か挑戦して果たせなかったテノールにもう一度だけ、そして最後の挑戦をしてみようと思った。

それまでの挑戦は本気でなかったからうまくいかなかったのかも知れない。馬齢を重ねてきた経験だけは豊富だったことも手伝って、意外なほど勉強が進んだ。その間の事情について詳しく述べるには紙数の余裕がないが、多くの人から否定的なニュアンスの助言をもらい、結果いくつかの信用を失ったのであろうと思う。反面、手を差し伸べてくれる人もおり、それには感謝の言葉を尽くしても尽くしきれるものではない。こうして二〇一〇年、あらかわバイロイト公演『ヴァルキューレ』で、思い出のジークムントとして私はテノールとしての再スタートを切った。初めてメルヒオールの歌う同役を聴いてから丁度三〇年目、漸く私は歌手としてヴァーグナーの作品に出会えたのであった。

その後は幸せなことに『神々の黄昏』のジークフリート、『ラインの黄金』のローゲのカヴァー、『ジークフリート』のタイトルロールのカヴァーと、『リング』四部作のすべてのヘルデンテノールの役を歌うことができた。日本という環境を考えるとこれは幸運としか言いようがない。その他にも一部だけだがヴァルターやタンホイザーも歌うことができたし、機会を頂いて『ヴェーゼンドンク歌曲集』も全曲歌った。あとは『パルジファル』『トリスタン』『ローエングリン』を、どのような形でもよいから歌いたい。記憶力と体力が限界を迎えないうちに。

そう、全くこの二つは、ヴァーグナーを歌う上で乗り越えなくてはならない高いハードルだ。実は私は暗譜で苦労したことが少ない。しかしヴァーグナーのテキストの言葉の多さは半端ではない。かつてトリスタン役に選ばれたアロイス・アンダーが神経を病んでしまったと言うのも納得できる。現在の我々は暗譜が不可能でないことを知っているから暗譜できるが、前例のない当時はさぞや厳しかったろう。それだけでも初演者のシュノール・フォン・カロルスフェルトは偉大だったと言わねばなるまい。トリスタンだけはコツコツ努力しておかないと、たとえ歌うチャンスがあったとしても到底間に合いそうにない。

今の私は大好きなヴァーグナーを歌えて本当に幸せである。こんな幸運、そう得られるものではない。ヘルデンテノールがバリトンとして出発する例は、メルヒオールをはじめ、スヴァンホルム、キングなど枚挙にいとまがないわけだが、私のようにある程度キャリアが始まってから転向する例はそれ程多くはない。そしてそれは中々に苦労があるものなのである。しかしこうしてチャンスを頂けると、そうした苦労はすっかり忘れてしまえるから不思議だ。先のことは分からないが、この先必ずしも長くはない歌手生活の中で、少しでも多くヴァーグナーの作品を歌っていきたいと願っている。どうか私の記憶力と体力が少しでも長くもちますように！

上演報告

バイロイト音楽祭　二〇一七

――バリー・コスキーによる新演出《ニュルンベルクのマイスタージンガー》

吉田　真

ヴィーラント・ワーグナー生誕百年

二〇一七年のバイロイト祝祭は例年どおり七月二五日に新演出演目で開幕したが、当年はその前日、七月二四日に祝祭劇場で特別な行事が行なわれた。リヒャルト・ワーグナーの孫で、第二次世界大戦後の一九五一年から、四九歳の若さで病没した六六年まで、弟のヴォルフガングと共同でバイロイト祝祭総裁を務めたヴィーラント・ワーグナーの生誕百年を記念する催しである。筆者がバイロイト入りしたのは八月になってからだったので、残念ながらこの行事に参加することはできなかったが、入手できた当日のプログラムによれば、かつてヴィーラント・ワーグナーがバイロイト以外の劇場で演出を手がけた演目からワーグナーの《リエンツィ》序曲に始まり、ベルクの《ヴォツェック》とヴェルディの《オテロ》から各一場面が上演され、最後は《パルジファル》第一幕の前奏曲と場面転換の音楽が演奏された。指揮者はハルトムート・ヘンヒェンで、クラウディア・マーンケ、カミラ・ニュルンド、クリスタ・マイアー、ステファン・グールドら、現役のバイロイトの歌手たちが出演した。もともとヴィーラント時代のバイロイトを支えた指揮者たちは、ハンス・クナッパーツブッシュとカール・ベームを始め、いずれもヴィーラントよりもはるかに年長だったし、同世代のヴォルフガング・サヴァリッシュもすでに世を去っている。主要な歌手たち、ハンス・ホッター、ヴォルフガング・ヴィントガッセン、アストリッド・ヴァルナイ、ビルギット・ニルソンらもヴィーラントより年上か同世代で、存命しているのはずっと若かったアニヤ・シリヤぐらいだが、かつての愛人が公然とゲストとして迎えられるはずもなく、ヴィーラントの娘のニーケ・ワーグナーは現在のバイロイト祝祭執行部に批判的な立場を明確にしているので、かろうじて息子のヴォルフ＝ジークフリートを招くに留まったようだ。もうひとりのゲストはバイエルン州立歌劇場元総裁のサー・ピーター・ジョナスで、彼も世代的にヴィーラントと親交があったとは言えない人物だろう。バイロイト祝祭現総裁のカタリーナ・ワーグナーは、兄の一族をバイロイトから追いやったヴォルフガングの娘だけに、そもそもヴィーラントの記念行事を現在のバイロイトで行なうことには、あまりにも制約があり過ぎた。それを考えれば、これを開催できただけでも良しとしなければならないのかもしれない。

コスキー新演出の《マイスタージンガー》

さて前年のバイロイト祝祭では、ヨーロッパ各地で勃発したテロ事件の影響と、新演出の《パルジファル》が反イスラム的な内容であるとの噂も相まって、祝祭劇場では前代未聞の厳重な警備体制が敷かれたことが話題となった。ウーヴェ・エリック・ラウフェンベルクの演出が反イスラム的だというのは単なる誤解に過ぎないことは生中継された映像でも、今回実際に観劇しても確認できたが、そもそもテロや紛争の多くは誤解と無理解に起因するものだろうから、それをアピールしたところで抑止効果にはなるまい。しかし前年は幸い特別な事件も起こらなかったために、当年も祝祭劇場の入り口には数多くの警備員たち（制服を着た警備会社の社員ではなく、おそらく地元で雇われた一般市民だろう）が配置されていたものの、特に緊迫した空気は感じられず、日を追うごとに手荷物検査などのチェックも緩やかになっていった印象があった。当年の演目は新演出の《ニュルンベルクのマイスタージンガー》のほか、ラウフェンベルク演出の《パルジファル》（ハルトムート・ヘンヒェン指揮、八月五日のみマレク・ヤノフスキ指揮）、カタリーナ・ワーグナー演出の《トリスタンとイゾルデ》（クリスティアン・ティーレマン指揮）、そして四部作としては最後の公演となるフランク・カストルフ演出の《ニーベルングの指環》（マレク・ヤノフスキ指揮）である。筆者は八月五日から一三日までの九日間で全演目を観ることができた。

ここからは当年の新演出演目で祝祭の初日を飾った《ニュルンベルクのマイスタージンガー》に絞って報告を書くことにしたい（ただし筆者が観劇したのは八月七日の公演）。この作品の前回のプロダクションは、ちょうど十年前、二〇〇七年にカタリーナ・ワーグナーによって演出されたものだったが、それは当時の総裁だったヴォルフガング・ワーグナーの娘による、バイロイトでの初めての演出とあって大変な注目を浴びたのは周知のとおり。当時二九歳だったカタリーナ・ワーグナーもそれを十分に意識していて、大胆で挑発的な演出をして大いに議論を巻き起こした。今回、総裁となったカタリーナ・ワーグナーが《マイスタージンガー》の演出を依頼したのは、ベルリン・コーミッシェ・オーパーの総裁であり首席演出家であるバリー・コスキーである。バリー・コスキーは一九六七年、ヨーロッパのユダヤ系移民の子としてオーストラリアのメルボルンに生まれた。演劇の演出家としてキャリアを始めたが、現在ではベルリンを中心に、ヨーロッパ各地の主要な歌劇場で、最も刺激的なオペラ演出家として活躍している（ちなみにゲイであることを自称しているそうだ）。それだけに今回の新演出が果たしてどのようなものになるのか、観客が大きな期待と不安を抱くなか、初日の幕が開いた。筆者は八月にバイロイトに入って間もなく市内の書店で『次の停車駅はバイロイト』というタイトルのコスキーのインタビュー本を見つけたので、観劇の前に一読することができた（そのタイトルのとおり、この本はコスキーがベルリンからバイロイトに向う列車の車中で行なわれたインタビューをまとめたものとのこと）。それによると、コスキーは二〇一六年の初めに突然カタリーナ・ワーグナーから面会を求める電話をもらい、実際に会ってみると予想どおりバイロイトでの演出の依頼だった。しかし彼がオファーを受けた演目は、よりによって彼が最も抵抗のある《ニュルンベルクのマイスタージンガー》ということだった。ユダヤ人としての自覚が大きいコスキーは常々ワーグナーの反ユダヤ主義が一番露骨に表われている作品が《マイスタージンガー》だと考えていて、《トリスタンとイゾルデ》など、ワーグナーの多くの作品には魅了されていながらも、これだけは絶対に演出したくない演目だったというのである。そこで彼はカタリーナ・ワーグナーに「六か月考えさせてほしい」と伝え、事実六か月後にようやく承諾の返事をしたという。その間に彼の中にどのような心境の変化があったかは述べられていない。それは実際の演出で答えを出すということなのだろう。

第一幕　一八七五年、ヴァーンフリート

今回のコスキー演出のひとつの特徴は、それぞれの幕の初めに紗幕に何がしかの文章が（もちろんドイツ語で）投影されることである。これは一応、各幕の時代と場所の設定を示したものと理解することができる（ただし第三幕だけは後述のように意味が違っていた）。ここでは記録のためにも、その全テキストを訳出しておく。なお文中の「／」は画面の切り替えを示している。改行はスペースの都合で明示しなかった。

「ヴァーンフリート。／一八七五年八月一三日。／一二時四五分。／外気は摂氏二三度。／宮廷楽長ヘルマ

ン・レーヴィがミュンヘンから到着すると告知してきた。／フランツ・リストもバイロイトに向う途上。娘のコージマと義理の息子リヒャルトを訪問するためである。／コージマは片頭痛の発作でベッドに臥せている。／リヒャルトは外出中…／…モリーとマルケを連れて散歩に出ている。」

この字幕が消えると前奏曲が始まる。ここに記されたとおり、舞台はヴァーンフリートの広間で、前奏曲の間に、リヒャルト・ワーグナーやフランツ・リスト、ワーグナー夫人のコージマなどが登場してパントマイムを始める。ワーグナーはそのうち広間に置かれたピアノの中から何人も登場し、やがて最初のワーグナーがハンス・ザックスに、リストがポーグナーに、コージマがエーヴァに、若いワーグナーがヴァルターに、さらに若いワーグナーがダーヴィットに扮して、劇中劇のように第一幕が演じられることになる。そして重要なポイントはベックメッサーを演じるのが指揮者のヘルマン・レーヴィであること。レーヴィはその後バイロイトで《パルジファル》の初演の指揮をすることになるが、ユダヤ人であることからワーグナーとは微妙な関係にあったのは周知のとおり。なぜコスキーがこの第一幕の設定

エーヴァ、ヴァルター、ザックス

を、たとえば作品が初演された一八六八年のミュンヘンではなく、一八七五年のバイロイトにしたかという疑問は、ベックメッサー役としてどうしてもユダヤ人のヘルマン・レーヴィを登場させる必要があったためだと察しがつく。いささか無理やりの感があるのは確かだが、ここではコスキーの意図をひとまず受け入れたいという気持ちにさせる。というのも、前奏曲におけるパントマイムといい、コートナーがマイスターたちの点呼を取る場面といい、その光景が実にユーモラスで、そこかしこでコスキーのコメディーのセンスが発揮されていたからで、歌い手たちの驚くべき演技力の高さ、さらにあえて言うならノリの良さが観客を引き込み好感を抱かせてしまう魅力にあふれている。ハンス・ザックスをワーグナーの分身とする解釈は、すでに二〇一三年にステファン・ヘルハイムがザルツブルク祝祭の演出で披露していた。しかもザックス役が今回と同じミヒャエル・フォレだったので、このヘルハイム演出がもしバイロイトの前回の演出だったら、このコスキーのプランもやりにくかったに違いないが、コスキーとしてはアイディアが重複しているのを承知のうえで、独自の世界を描いて見せる自信があったのだと思われる。実際にザルツブルクのヘルハイム演出も観た筆者の印象でも、コスキー演出が二番煎じを感じさせることなく、いずれ劣らぬ説得力とインスピレーションを示していた。

第二幕　一八七〇年、トリープシェン

「コージマの日記／一八七〇年一一月二七日、日曜日／『僕にとって、この世で今いる部屋ほど素敵な場所は他にない。だって僕の美しい彼女が隣り合って住んでいるんだもの。』と、朝にリヒャルトは歌った…／…それから彼は私のところに来て言った。／『あのベッドの中にはメロディーがあるよ。それも本当に大きなもの…　…君こそが僕のメロディーだ。』」

コスキーの演出の第二幕は第一幕とは打って変わって一八七〇年のトリープシェンに設定された。これはワーグナーがまだバイロイトに引っ越す前、スイスのトリープシェンに住んでいたころで、前年に念願の長男のジークフリートが誕生し、コージマとの正式な結婚が叶った二人の蜜月時代ということになる。時代が五年さかのぼったことになるが、やがて時系列にこだわりがないことが判り、その違和感はすぐに解消される。この第二幕で特に目立っていた演出は、最後の場のいわゆる「殴り

合いの場面」ということになるだろう。ここでベックメッサーは腕が折れるほど徹底的に痛めつけられ、さらに、ふらふらになって立ち上がったところで大きな袋状のお面をかぶせられるのだが、その顔は、ナチス時代の反ユダヤ主義のプロパガンダ映画に使われたユダヤ人の悪意ある戯画を思わせる。実際、頭のてっぺんにはユダヤのシンボルであるダビデの星が描かれていた。しかしまた、この顔はリヒャルト・ワーグナーのゆがんだ顔に見えなくもない。反ユダヤ主義に染まっていたワーグナーの暗黒面を表わしたものだろうか。この同じ顔は大きな風船となって膨らみ、やがてまたしぼむのだが、今回のコスキーの演出でワーグナーの反ユダヤ主義を明瞭に目に見える形で提示したのはこの場面だけだったと言ってもよい。とはいえ筆者の印象では、この場面ですらコスキーによるワーグナーの反ユダヤ主義批判は露骨に表現されていたというより、ユーモアのオブラートにくるまれていたように思われた。それはベックメッサーを演じたヨハネス・マルティン・クレンツレのコミカルな演技のせいだったかもしれないが、コスキーがその気になれば、ここでもっと過激で残酷な表現をして観客を挑発することはいくらでも可能だったはずなので、筆者はこのあたりで、先のインタビュー本に書かれていたコ

ヴァーンフリートのマイスターたち

スキーの《マイスタージンガー》という作品の捉え方に何らかの変化が生じたのではないかという予感がした。それは第三幕で明らかになったと思う。

第三幕　一九四五年、ニュルンベルク

「英国空軍サー・チャールズ・ポータル元帥による一九四五年一月四日の報告／夜のニュルンベルク空襲の際に、ドイツ空軍もメッサーシュミット戦闘機Bf 100 G-4、ドルニエ戦闘機Do 217N、ユンカース戦闘機Ju 88 C/Gを投入した。これらは上方に向けた二丁の銃器を装備していた。／この二丁は七〇度の角度で取り付けられたMG FF/MとMG 151/20という型の二〇ミリ機関砲で、たいてい気づかれないまま飛行しているドイツ戦闘機が英国軍爆撃機のエンジンや主翼に格納された燃料を下方から打って炎上させることに成功した。／この新しい戦術にドイツ軍は『奇妙なセレナーデ』というコードネームを付けた。」

この第三幕冒頭の字幕には当惑させられた。それまでの場面設定を示すパターンからして当然、第二次世界大戦後のニュルンベルクを予想していたのだが（そして舞

お面を被せられたベックメッサー

台は実際そうなるのだが）、ここで記述されているのは第二次世界大戦末期の話である。その意図もつかめないまま読み進めていって、全く分からなかったのが最後の「奇妙なセレナーデ」と訳した語句である。ドイツ語の原語はSchräge Nachtmusikであった。これは帰国してから調べたり教示を受けたりして分かったことなのだが、この作戦の実際のコードネームはSchräge Nachtmusikではなく Schräge Musikだった。Schräge Musikは直訳すれば「斜めの音楽」であり、これは戦前に現代音楽やジャズなど、旧世代にとって「わけの分からない音楽」を言う流行語のようなものだったらしい。これが機関砲を斜めに取り付けることをもじったコードネームになったようだが、どうやらコスキーはこれをあえてSchräge Nachtmusikに変えてしまったのである。その意図は不明ながら、Nachtmusik（夜の音楽）とは「セレナーデ」であり、これがベックメッサーが歌う「セレナーデ」を連想させるためではなかったかと想像する。そうでもなければ、この一連の文章を引用する目的は全く理解できない。ドイツ軍が付けた「しゃれ」の命名にコスキーが「しゃれ」で返したというところだろうか。

さて、第三幕の舞台は第二次世界大戦後のニュルンベルク裁判の法廷になっている。実はすでに第一幕の終わりから部屋の壁と証言台は置かれていたのだが、この第三幕にいたって、それが国際軍事裁判の法廷であることが明らかとなる。アメリカ、イギリス、フランス、ソ連という戦勝四か国の国旗が置かれ、警備の米軍のＭＰ（ミリタリーポリス）の姿もあるが、場面転換後の「歌合戦の場面」では、この法廷が民衆たちによって完全に占拠されてしまう。ここでの民衆は旗を振り回して大暴れをしたかと思うと、何度か突然のストップモーションが挟まれたりして、この演技を見事に歌いながらこなす合唱団の実力にも舌を巻いた。実はこの場面転換の際に、もう一度紗幕に字幕が投影されるが、これはもはや場面設定ではなく、その後にハンス・ザックスによって歌われる歌詞の引用であり、筆者はこれこそコスキーが《マイスタージンガー》という作品から読み取った本質なのだと理解した。

「ハンス・ザックス：私は嫌疑をかけられた以上、申し開きをせねばなりますまい。ですから私に証人を選ばせていただきたい。どなたか私の正当性を証明できる方がいらしたら、どうか証人としてこの場に出てきてください。」

第３幕後半。後ろには戦勝国の国旗

カタリーナ・ワーグナーからバイロイトでの《マイスタージンガー》新演出の依頼を受けてからの半年間、コスキーが作品を綿密に検討した結果、この作品の主要なテーマは「反ユダヤ主義」ではなく、「芸術作品の価値は誰が判定するのか」という問題だとの認識にたどり着いたのではないだろうか。第一幕でヴァルターが歌う「試験の歌」は、権威者であるベックメッサーとマイスターたちに否定されてしまう。ところが違った意見をもっていたザックスは第二幕ではベックメッサーが歌うセレナーデに物言いをつける。第三幕の歌合戦でベックメッサーは失敗することで権威を失い、ヴァルターが歌う「懸賞の歌」が民衆の圧倒的な支持を得て、マイスターたちもそれを受け入れるというのが作品の流れになっている。コスキーは、ワーグナーの《ニュルンベルクのマイスタージンガー》という作品に対して、自分が演出家として価値判断をするのではなく、観客に問題提起をすることで最終判断を観客に委ねたということだと筆者は理解した。そしてザックスは、最後のドイツ芸術を讃える演説をひとり証言台に立って必死に観客に向って訴えるのである。最後の場面、証言台で観客へ必死の訴えを終えたザックスは、今度はリヒャルト・ワーグナーその人となり、ステージの上に並んだダミーの

オーケストラを指揮するザックス（ワーグナー）

オーケストラを大きな身振りで指揮をして、舞台が後方にフェードアウトしつつ全曲の幕となる。「たとえ神聖ローマ帝国が滅んで消え去ろうとも、神聖なドイツの芸術は変わらず残るだろう」というザックス、すなわちワーグナーのメッセージを観客がどう判断するかという問いかけで終わったわけだが、音楽評論家の見解は相変わらず賛否両論に分かれていたにもかかわらず、終演後の盛大な拍手と歓声からすると、大多数の観客はこれに肯定的な評価を下したと言えそうである。

歌い手と指揮者について

ハンス・ザックスを歌ったミヒャエル・フォレは、二〇〇七年のカタリーナ・ワーグナー演出《マイスタージンガー》のベックメッサー役でバイロイト・デビューを果たしたが、その後フォレは、前述のとおりワーグナー生誕二百年の二〇一三年にザルツブルク祝祭で上演された《マイスタージンガー》でハンス・ザックスを演じて、この役の代表的な歌い手となった。筆者が聴いた八月七日の公演では、第三幕の前に喉の不調の「おことわり」が出たものの、最後まで何とか歌いきった。ただし、個々の演出の演技まで稽古済みのカバー歌手を用意していないバイロイトのシステムには相変わらず問題が

ヴァルターを熱演するフォークト

あるだろう。ヴァルター役を歌ったクラウス・フローリアン・フォークトも同じく二〇〇七年のカタリーナ演出の《マイスタージンガー》がバイロイト・デビューだったが、近年のフォークトは声に以前にはなかった力感が加わり、特に演技面での進境が著しい。今回フランツ・リストにそっくりの風貌でポーグナーを演じたギュンター・グロイスベックは、彼なしではこのコスキー演出は成立しないのではないかとさえ思われるほどのはまり役だった。ベックメッサーを歌ったヨハネス・マルティン・クレンツレは、これがバイロイト・デビューとなる。これまでワーグナー歌手としてはあまり名前を聞かなかった人だが、バロックから現代オペラまで、それもドイツ・オペラだけでなく、イタリア・オペラからロシア、チェコのオペラまで実に一二〇の役に及ぶという広いレパートリーの持ち主で、その豊富な経験が見事にベックメッサーの役に生かされていた。エーファ役のアンネ・シュヴァーネヴィルムスだけは初日にブーイングが出ていたが、八月七日の公演ではそのようなことはなく、地味で目立たない印象だったのはコージマの役を振り当てた演出のせいもあっただろう。

指揮者のフィリップ・ジョルダンは、これがバイロイト初登場ではなく、二〇一一年にステファン・ヘルハイム演出の《パルジファル》の最終年だけを指揮していた。スイスのチューリヒの生まれで、今年四三歳。父親のアルミン・ジョルダンも有名な指揮者で、フィリップ・ジョルダンはドイツとオーストリアでは「ヨルダン」という発音で知られている。現在パリ・オペラ座の音楽監督とウィーン交響楽団の首席指揮者を務めているが、二〇二〇年からはウィーン国立歌劇場の音楽監督になることが決定し、今後ますますオペラ指揮者として世界で重要な役割を果たすことになるだろう。フィリップ・ジョルダンは非常にきびきびとした明快な棒を振る指揮者で、重厚に過ぎない音楽づくりは演出のコスキーの好みにも合致しているようだった。

　二〇一八年のバイロイト祝祭はユヴァル・シャローン新演出による《ローエングリン》(ティーレマン指揮)が予定され、ラウフェンベルク演出の《パルジファル》、カタリーナ・ワーグナー演出の《トリスタンとイゾルデ》、ヤン・フィリップ・グローガー演出の《さまよえるオランダ人》が再演となり、変則的ながらフランク・カストルフ演出の《ニーベルングの指環》から《ワルキューレ》だけがプラシド・ドミンゴの指揮で上演されるという(追加情報:グリムゲルデ役で金子美香さんの出演が決まった)。

上演報告

国内ワーグナー上演　二〇一七

――《指環》への執着（?）が目立った一年

東条碩夫

《ラインの黄金》（びわ湖ホール　三月）

二〇一三年に《ヴァルキューレ》をローウェルス演出で制作したことのあるびわ湖ホールが、改めてミヒャエル・ハンペの新演出による四年がかりの『指環』全曲上演を開始した。

今回の演出はハンペらしくストレートで写実的な手法のもので、映像を活用し、紗幕を効果的に使って幻想的な効果を出す。METの旧演出のシェンクの舞台に映像を加えたようなスタイル、と言ったらいいか。思想的な新解釈や、革新的な表現とかいった要素は無いものの、暴走した破壊的な演出も多い当世、この写実的な舞台でやっとこのドラマの内容が解ったという観客も多いだろうから、一概に保守的だとか陳腐だとか非難するにも当たるまい。おそらく唯一の新解釈として、エルダが剣ノートゥングをヴォータンに贈るという演出が行なわれていたが、「指環の呪いから逃れよ」と警告した当のエルダが、何故その指環奪回のための武器を提供するのか、些か腑に落ちぬ発想ではある。単に「お守りにどうぞ」という意味なら、冗談が過ぎるのではないか？

音楽面では、極めて高水準の上演であった。特筆すべきは、芸術監督としてこのプロジェクトを率い、かつ一種散漫な《ラインの黄金》の音楽を精緻にまとめ上げた沼尻竜典の指揮である。そして、京都市交響楽団の濃密で厚みのある、均整の取れた演奏も、絶賛に値する。もし彼らが新国立劇場のピットで演奏したら、東京のオケも顔色を失うだろう。

ダブルキャストの歌手陣は、概して外国勢よりも日本勢の方が優勢だった。ヴォータン役の青山貴は、前日のロッド・ジルフリーよりも遥かに立派な神々の長としての風格と声を備えていた。またローゲ役の西村悟と清水徹太郎、ミーメ役の高橋淳と与儀巧ら、性格派テナーに人を得た配役もよく、特に初役の西村の皮肉っぽい表情で立ちまわる演技と歌唱は多方面から注目された。フリッカの小山由美と谷口睦美、フライアの砂川涼子と森谷真理、エルダの竹本節子と池田香織らも、それぞれの持ち味を発揮して競い合っていた。（四日、五日所見）

《神々の黄昏》（東京・春・音楽祭　東京文化会館　四月）

演奏会形式による「東京春祭ワーグナー・シリーズ」の第八輯。マレク・ヤノフスキがＮＨＫ交響楽団（コンサートマスターはライナー・キュッヒル）を指揮、安定した演奏で四年がかりの《指環》ツィクルスを締め括った。前三作におけると同様、ヤノフスキはかなり速いテンポで坦々と音楽を進めたが、それは無数のライト・モティーフが複雑に織り成される、心理描写的にも叙事詩的にも精緻を極めるこの作品の場合には、時に素っ気ない乾いた演奏という印象も生じさせ、もっと魔性的な不気味さを求めたいとも思わせた。ただ、巨大な音の建築である第二幕後半などでは、ヤノフスキの率直な指揮がむしろ音楽本来の力をストレートに発揮させ、見事な迫力を生じさせていたのは事実である。

ジークフリート役は、予定されたロバート・ディーン・スミスが来られず、急遽アーノルド・ベズイエンに替わったが、彼はもともと「ジークフリート歌い」ではないから、ちょっと気の毒ではあった。従って性格派歌手としての彼が最良のものを聴かせたのは、グンターに化けてブリュンヒルデを強奪する場面だったであろう。他に、ブリュンヒルデ役のクリスティアーネ・リボールは、ドラマティック・ソプラノというには少し線が細いが、第二幕後半の「怒れるブリュンヒルデ」を、あの轟々と渦巻くオーケストラとよく拮抗して歌っていた。ハーゲン役のアイン・アンガーは、風格と声量、腹黒い歌唱表現など、全ての点でドラマの中心たる役柄としての存在感を発揮。アルベリヒ役のトマス・コニエチュニーはまさに適役で、見事な邪悪ぶりである。グンターのマルクス・アイヒェは予想通り、この役の屈折した性格を、若干の演技を加えて巧く描く。抜きん出て素晴らしかったのは、ヴァルトラウテを歌ったエリーザベト・クールマンである。この知的で、表現力豊かな歌いぶりは、まさにメゾ・ソプラノの華というべきであろう。

（四日所見）

《ラインの黄金》（日本フィル定期　東京文化会館　五月）

日本フィルが、首席指揮者ピエタリ・インキネンによる「ドイツ・ロマン派音楽シリーズ」の一環として上演。演奏会形式ではあったが、佐藤美晴の演出により、ステージ前面での必要最小限の演技も加味されていた。

インキネンのワーグナーは、いくつかのダイナミックな頂点の個所を効果的に盛り上げつつ、全曲を衒いなく率直に指揮して行くタイプのものであり、そのストレートな指揮が、ここでは良い結果を生んでいたように思う。オペラにはあまり慣れていない日本フィルも、精一杯の演奏であったろう。

出演歌手の中では、アルベリヒを歌ったワーウィック・ファイフェの強烈で精力的な性格表現と、体調不良のウィル・ハルトマンの代役として急遽ローゲを歌った西村悟の「相手をバカにしまくった」表現がひときわ映えた（ハルトマンは翌日の公演で復帰し、巧味のある歌唱を聴かせた）。その他の歌手陣（別表参照）も、みんなはまり役という感である。ユッカ・ラシライネンは、さすがに巧者ではあるものの、この作品のヴォータンとしては声も少し老け役に過ぎ、また演技もほとんどやらずに泰然としているように見えたが……。（二六日は全曲、二七日は一部のみ所見）

《ジークフリート》（新国立劇場　六月）

新国立劇場の《指環》ツィクルス第三作。ゲッツ・フリードリヒのこの一連の演出は、ゴットフリート・ピルツの美術を含め、作品ごとにムラがあるようで――初日というためもあったかもしれないが――舞台の緊密度が何とも低すぎる。《ヴァルキューレ》で名誉挽回かと思われた舞台も、この《ジークフリート》でまた散漫なものに戻ってしまった。かつてベルリン・ドイツオペラで彼が演出した所謂「トンネル・リング」に比べると、水準には大きな差がある。制作費の関係もあってこの程度のプロダクションを持って来なければならなかった芸術監督の苦衷は察したいが――。

飯守泰次郎の指揮は、第三幕に雄大な頂点を持って来る意図のようで、事実この幕では、そのオーケストレーションの充実に相応しく、量感も力感も生れて来ていた。もっとも、その他の点に関しては、今回ピットに入ったオーケストラの出来から言って、彼の音楽的意図が思い通りに達成されていたとは言い難いだろう。

主役歌手陣は、程度の差こそあれ、いずれも佳い味を聴かせてくれた。ステファン・グールド（ジークフリート）は、前半での放埒な少年と、後半で「恐れを知った」若者との対比を極めて明確に演じ分けた。ほとんど出ずっぱりのこの超人的な役柄を、疲れも見せず、最後の愛の二重唱まで強靭に歌い続けたのは流石というほかはない。リカルダ・メルベート（ブリュンヒルデ）も、出番こそ短いものの、目覚めた乙女に相応しい明るい声で、途中の高いH音と、最後の高いC音とを輝かしく響かせた――特に後者では、朗々と長く延ばして聴かせどころをつくった。ブリュンヒルデ自身にも、ジークフリートにも、新しい世界が開けるだろう――そうした希望を明確に表わす歌唱だった。

グリア・グリムズレイ（さすらい人）は、今日はちょっと声が粗く、特に第三幕第一場では――いくらヴォータンが焦りの心境にあったにしても――音程さえ判別できぬほどの荒々しい歌い方をしていたのはいかがなものか。他には、クリスタ・マイヤー（エルダ）が短い出番ながら存在感充分で、第三幕前半を立派に引き締めていた。（一日所見）

《ヴァルキューレ》（愛知祝祭管弦楽団　愛知県芸術劇場コンサートホール　六月一一日）


アマチュア・オーケストラの愛知祝祭管弦楽団（団長・佐藤悦雄）が挑む、昨年九月の《ラインの黄金》に続く《指環》ツィクルス第二回。昨年同様セミ・ステージ形式上演で、ハープ六台を揃えたフル編成の本格的な演奏である。アマ・オケ特有の気迫で、いざ本番となると体当たり的な快演を聴かせるのが立派だ。勢いに乗って力任せになり過ぎるところもなくはないが、演奏の熱気が並大抵のものではないため、微笑ましく聴いてしまうのも確かである。

音楽監督・三澤洋史が、今年も彼らプレイヤーたちを見事に巧くまとめた。素っ気ないほどイン・テンポで畳み込む指揮だが、ワーグナーのオペラに必要な緊迫感や情感は充分に備わっている。特に第二幕が最も優れた演奏で、「死の告知」の場面がこれだけ美しく、しかも心の籠った表現で演奏された例は、私の聴いた範囲では、決して多くない。たとえ他の個所の演奏にあれこれ問題があったとしても、この「死の告知」の場面の演奏だけで、今回の公演を成功と断言したくなるだろう。

歌手陣の中では、まず清水華澄（ジークリンデ）の豊麗な声と豊かな情感が、第一幕後半をリードして圧巻であった。片寄純也（ジークムント）は、前述の「死の告知」の場面での歌唱が際立ち、特に「ヴァルハルへは行かぬ！」と宣言するあたりの迫真力はずば抜けていた。ブ青山貴のヴォータンは、もう今では当たり役である。ブリュンヒルデの基村昌代は「初々しい年頃の勇敢なヴァルキューレ」を見事に表現、フンディングの長谷川顯はいつもながらの重厚な声が迫力を出した。

演出は、昨年に続き佐藤美晴。第二幕の幕切れに、フリッカ一人を最後まで舞台に残したのは、この悲劇的な幕全体がフリッカの影に覆われているというドラマトゥルグを明確に象徴したものとして、良い発想であろう。


《タンホイザー》（バイエルン州立歌劇場来日公演　ＮＨＫホー

ル　九月）

これは話題の指揮者キリル・ペトレンコの、日本初登場のオペラ指揮でもあった。ＮＨＫホールのピットからこれだけ均整の取れた管弦楽の響きが沸き上がって来たのは稀だし、各幕の終結の盛り上がりなども流石に見事だったといえよう。バイロイトでの《指環》の指揮と異なり、今回は叙情的な個所で極度にテンポを遅く採り、押し殺したような陰鬱な気分で全曲を覆い、寸時も解放的な気分に浸ることのない《タンホイザー》の音楽としていた。

それには、演出から来る視覚的な影響もあったかもしれない。ロメオ・カステルッチ（演出・美術・衣装・照明を独りで担当）の舞台は全体に暗鬱な色調が支配的で、強烈な圧迫感が漂う。確かにこのドラマの本質は、このように主人公の抑圧された精神の苦悩の葛藤にあるだろう。愉しくはないが、眼を逸らしてはいけないものが、この舞台にはある。「バッカナール」では半裸の女性ダンサーたちが視覚的に重要な役割を担い、また「ローマ語り」の場面では、タンホイザーとエリーザベトの「分身」の遺体が横たえられ、それが次々とグロテスクな形に、ミイラから白骨へ、最後は灰の形になるまで置き換えられて行くといったように、「神という名の存在の冷酷さ」と、「人類の絶望感」との葛藤が、無限の長い時間の経過を要する永遠の問題であることが象徴される。

豪華な歌手陣の中では、やはり題名役のクラウス・フローリアン・フォークトが抜きん出ていた。タンホイザー役としては叙情性の濃い声質ではあったが、往年のヴィントガッセンとかルネ・コロとかいったヘルデン・テナー的な同役の表現と違い、純粋な青年としての魅力が出ていて興味深い。「ローマ語り」での歌唱は、極めて劇的な、激しい感情に富むものだった。

なお今回使用された楽譜は、基本的には「パリ版／ウィーン版」だが、歌合戦の場ではドレスデン版にあったヴァルターの歌の部分が復活されているといったように、一部に折衷の形が採られていた。（二八日所見）

《神々の黄昏》（新国立劇場　一〇月）

新国立劇場オペラ部門芸術監督としての任期を今季で満了する飯守泰次郎がその開幕公演として選び、精魂込めた指揮で飾ったのが、同劇場二つ目の新演出となった《指環》のこの最終章である。日本のワーグナー指揮者として自他共に許す存在である飯守に相応しい演目であった。演奏全体としては、ダイナミズムを重視した、やや荒々しいものではあったが、決して無味乾燥なものには陥っていない。今回ピットに入った読売日本交響楽団の見事な力量もそれに寄与していたであろう。第二幕後半の壮大な場面や、第三幕での「葬送行進曲」や終曲など、上々の出来であった。

故ゲッツ・フリードリヒの演出は、ついに最後までもどかしさを感じさせたままであった。写実的な手法と伝統的・形式的な手法とが混在していたのは、あまり納得の行くものではない。ギービヒの家臣団の演技も含め、舞台上の人物のそれぞれの動きも演劇的な関連が保たれていないように感じられたが、これは再演演出を担当したアンナ・ケロにも責任があったのではないか。全曲の幕切れにブリュンヒルデをまた登場させる——廃墟の中央に突然ガバと起き上がらせる——のは、救済者としての役割を強調し、彼女に未来への希望を託するためか、はたまた、この闘争と悲劇が未来永劫繰り返され、そのたびに救済者が必要になるであろうことを予言するためか。いずれにせよ今回の演出は、舞台上のスムースな流れに不足し、完成度も高いものだったとは残念ながら言い難く、以前のキース・ウォーナーのプロダクションと比較すると、新鮮味にも話題性にも欠けたことは否めまい。

歌手陣は総じて手堅い。ステファン・グールドはいつものパワーで野生児ジークフリートをダイナミックに表現、ペトラ・ラングも「自己犠牲」の場面に至る長丁場を巧く盛り上げていた。グートルーネ役の安藤赴美子の健闘も嬉しい。中でもヴァルトラウテを歌ったヴァルトラウト・マイヤーは、出番は短かったとはいえ、さすがの貫録で、焦慮するヴァルキューレとしての表現を、歌にも演技にも、見事に盛り込んでいた。（四日所見）

《神々の黄昏》ハイライト（「わ」の会コンサート　北とぴあつつじホール　八月二四日）

「わ」の会の「わ」とは、ワーグナーの「ワ」、「指環」の「環」、メンバーの「和」。日本のワーグナー上演で活躍する歌手たちが集まり、ワーグナーの作品を「手軽な形で紹介」するという狙いのコンサート。これが第四回になる。会の代表・城谷正博が流石の暗譜指揮で、時にはピアノも弾く。木下志寿子のピアノもいつも雄弁で、このシリーズには欠かせない存在になった。音楽面ではすこぶる大がかりな抜粋上演であり、池田香織（ブリュンヒルデ）の力と風格に富んだ明晰な表現を筆頭に、歌手たち全員が本格的な歌唱を示して、聴き応え充分だ。

「《ワーグナー×ホルン》〜N響メンバーと仲間たちによ

るホルン・アンサンブル」（東京文化会館小ホール　三月二二日）

東京・春・音楽祭の一環で、福川伸陽らN響の楽員七人に読響の久永重明が加わったアンサンブル。プログラムの後半がワーグナーの作品集で、《ローエングリン》幻想曲、《ラインの黄金》幻想曲、《トリスタンとイゾルデ》幻想曲、《ジークフリート》幻想曲（実際には《神々の黄昏》からの編曲）、《ヴァルキューレの騎行》など。これらを八本のホルン（一部はワーグナー・テューバと持ち替え）だけで朗々と吹きまくるのだから、見事なものである。演奏も鮮やかそのもの。満席のホールは、大半がブラス・ファン、部分的にワーグナー・ファンというところか。

◉**公演データ**——

《ラインの黄金》

【日時】三月四日／五日　【会場】びわ湖ホール大ホール

【指揮】沼尻竜典　【管弦楽】京都市交響楽団　【演出】ミヒャエル・ハンペ　【装置・衣装】ヘニング・フォン・ギールケ

【出演】（四日／五日）ヴォータン：ロッド・ギルフリー／青山貴、ドンナー：ヴィタリ・ユシュマノフ／黒田博、フロー：村上敏明／福井敬、ローゲ：西村悟／清水徹太郎、ファゾルト：デニス・ビシュニャ／片桐直樹、ファフナー：斉木健嗣／ジョン・ハオ、アルベリヒ：桝貴志／志村文彦、ミーメ：与儀巧／高橋淳、フリッカ：小山由美／谷口睦美、フライア：砂川涼子／森谷真理、エルダ：竹本節子／池田香織、ヴォークリンデ：小川里美／並河寿美、ヴェルグンデ：小野和歌子／森季子、フロスヒルデ：梅津貴子／中島郁子

東京・春・音楽祭《神々の黄昏》

【日時】四月一日／四日　【会場】東京文化会館大ホール

【指揮】マレク・ヤノフスキ　【管弦楽】NHK交響楽団（ゲスト・コンサートマスター：ライナー・キュッヒル）　【合唱】東京オペラシンガーズ　【合唱指揮】トーマス・ラング、宮

松重紀【音楽コーチ】トーマス・ラウスマン【映像】田尾下哲
【出演】ジークフリート：アーノルド・ベズイエン、グンター：マルクス・アイヒェ、ハーゲン：アイン・アンガー、アルベリヒ：トマス・コニエチュニー、ブリュンヒルデ：レベッカ・ティーム（一日）／クリスティアーネ・リボール（四日）、グートルーネ：レジーネ・ハングラー、ヴァルトラウテ：エリーザベト・クールマン、第一のノルン：金子美香、第二のノルン：秋本悠希、第三のノルン：藤谷佳奈枝、ヴォークリンデ：小川里美、ヴェルグンデ：秋本悠希、フロースヒルデ：金子美香

《ラインの黄金》

【日時】五月二六日／二七日【会場】東京文化会館
【指揮】ピエタリ・インキネン［首席指揮者］【管弦楽】日本フィルハーモニー交響楽団【演出】佐藤美晴【照明】望月太介（A・S・G）【衣装スタイリング】臼井梨恵
【出演】ヴォータン：ユッカ・ラジライネン、フリッカ：リリ・パーシキヴィ、ローゲ：西村悟／ウィル・ハルトマン、アルベリヒ：ワーウィック・ファイフェ、フライア：安藤赴美子、ドンナー：畠山茂、フロー：片寄純也、エルダ：池田香織、ヴォークリンデ：林正子、ヴェルクンデ：平井香織、フロスヒルデ：清水華澄、ミーメ：高橋淳、ファーゾルト：斉木健詞、ファフナー：山下浩司

《ジークフリート》

【日時】六月一日～一七日【会場】新国立劇場オペラパレス
【指揮】飯守泰次郎【管弦楽】東京交響楽団【演出】ゲッツ・フリードリヒ
【出演】ジークフリート：ステファン・グールド、ミーメ：アンドレアス・コンラッド、さすらい人：グリア・グリムスレイ、アルベリヒ：トーマス・ガゼリ、ファフナー：クリスティアン・ヒューブナー、エルダ：クリスタ・マイヤー、ブリュンヒルデ：リカルダ・メルベート、森の小鳥：鵜木絵里・九嶋香奈枝・安井陽子・吉原圭子

《ヴァルキューレ》

【日時】六月一一日【会場】愛知県芸術劇場コンサートホール
【指揮】三澤洋史【管弦楽】愛知祝祭管弦楽団【演出構成】佐藤美晴
【出演】ジークムント：片寄純也、ジークリンデ：清水華澄、フンディング：長谷川顕、ヴォータン：青山貴、フ

リッカ：相可佐代子、ブリュンヒルデ：基村昌代、ゲルヒルデ：大須賀園枝、ヘルムヴィーゲ：西畑佳澄、オルトリンデ：上井雅子、ヴァルトラウテ：船越亜弥、ジークルーネ：森季子、ロスヴァイセ：山際きみ佳、シュヴェルトライテ：三輪陽子、グリムゲルデ：加藤愛

バイエルン国立歌劇場《タンホイザー》

【日時】九月二一日／二五日／二八日　【会場】ＮＨＫホール

【指揮】キリル・ペトレンコ　【管弦楽】バイエルン国立管弦楽団　【合唱】バイエルン国立歌劇場合唱団　【演出・美術・衣装・照明】ロメオ・カステルッチ　【振付】シンディ・ヴァン・アッカー　【合唱監督】ゼーレン・エックホフ

【出演】領主ヘルマン：ゲオルク・ツェッペンフェルト、タンホイザー：クラウス・フロリアン・フォークト、ウォルフラム・フォン・エッシェンバッハ：マティアス・ゲルネ、エリーザベト：アンネッテ・ダッシュ、ヴェーヌス：エレーナ・パンクラトヴァ

《神々の黄昏》

【日時】十月一日〜一七日　【会場】新国立劇場

【指揮】飯守泰次郎　【管弦楽】読売日本交響楽団　【合唱】新国立劇場合唱団　【演出】ゲッツ・フリードリヒ　【美術・衣裳】ゴットフリート・ピルツ　【照明】キンモ・ルスケラ　【演出補】アンナ・ケロ　【舞台監督】村田健輔

【出演】ジークフリート：ステファン・グールド、ブリュンヒルデ：ペトラ・ラング、アルベリヒ：島村武男、グンター：アントン・ケレミチェフ、ハーゲン：アルベルト・ペーゼンドルファー、グートルーネ：安藤赴美子、ヴァルトラウテ：ヴァルトラウト・マイヤー、ヴォークリンデ：増田のり子、ヴェルグンデ：加納悦子、フロスヒルデ：田村由貴絵、第一のノルン：竹本節子、第二のノルン：池田香織、第三のノルン：橋爪ゆか

「わ」の会コンサート《神々の黄昏》ハイライト

【日時】八月二四日　【会場】北とぴあつつじホール

【指揮】城谷正博　【ピアノ】木下志寿子　【ステージング】澤田康子　【字幕】吉田真

【出演】ブリュンヒルデ：池田香織、ジークフリート：片寄純也、ハーゲン：大塚博章、グンター：友清崇、グートルーネ：小林厚子、合唱：宮之原良平・寺西一真・櫻井航・松澤佑海

《ワーグナー×ホルン》～N響メンバーと仲間たちによるホルン・アンサンブル

【日時】三月二二日　【会場】東京文化会館小ホール

【ホルン】今井仁志・福川伸陽・石山直城・勝俣泰・木川博史・野見山和子・山本真・久永重明

上演報告

カールスルーエ歌劇場《指環》チクルス前半の報告

森岡実穂

ドイツ南西部、バーデン＝ヴュルテンベルク州第二の都市カールスルーエには、かつて大野和士が音楽監督を務めたことでも日本で知られる歌劇場がある。この歌劇場ではヘンデル・フェスティバルも有名なのだが、二〇一六年に開始し一七年に完結、現在チクルス上演が進行中の《ニーベルングの指環》シリーズが大変意欲的で興味深いのでぜひ紹介したい。

今回カールスルーエでの《指環》の演出は、四人の演出家たちに任された。この分担方式は、シュトゥットガルト歌劇場（一九九九－二〇〇〇）、エッセン歌劇場（二〇〇八－一〇）などで成功を収め、今後も一八年にはケムニッツでも四人の女性演出家による《指環》チクルスが上演される。一貫性は楽しめないが、自由度が高いために面白い演出の登場が期待される形態である。

カールスルーエでの上演は、一九七七年生まれのダーフィト・ヘアマン、七九年生まれのユーヴァル・シャロン、七八年生まれのトゥールライファ・オーン・アナソン、八〇年生まれのトビアス・クレッツァーと、四〇歳前後の有望な若手を集めて任せているところに特徴がある。私は前半二作しか観ていないのだが、オペラの未来のために、若い才能にチャンスを与えようという劇場の姿勢が素晴しい。特にドイツの場合、どういう《指環》を上演するかにその歌劇場のポリシーが現れるというのは、まだまだ真実だなと思う次第である。

四人の演出家たち

簡単に各人を紹介しておきたい。まず《ラインの黄金》を担当するダーフィト・ヘアマンはドイツ出身でベルリンに学び、ニュルンベルク、バーゼル、フランクフルト、カールスルーエ、ベルリン・ドイツ・オペラ他で演出を手掛けてきた、この世代の突出した才能のひとりである。フランダース・オペラでの《魔笛》チューリヒでの《後宮からの誘拐》などで見せた、テクストを読みこんだ上で作品の暗黒面を表に引きずり出すような解釈は実に刺激的であった。また、ラッヘンマン、クセナキスなど現代作品への取り組みも多く、二〇一七／一八シーズンはベルリン・ドイツ・オペラで日本出身の作曲家、稲森安太己による *Wir aus Glas* の初演を演出することになっている。

《ヴァルキューレ》を担当するユーヴァル・シャロンはアメリカ生まれ。ニューヨークやロスアンジェルスで多くの実験的な新作オペラを発表し、ジョン・ケージやテリー・ライリーらによるオペラ以外の作品の演出も手掛けてきた。近年欧州にも活躍の場を広げ、二〇一四年のゲッツ・フリードリヒ賞を受賞したカールスルーエでの《ドクター・アトミック》、ウィーン国立歌劇場でのエトヴェシュ《三人姉妹》（二〇一六）などで成功を収めてきた。二〇一八年には、降板したヘルマニスの代役として、アメリカ出身の演出家として初めてバイロイトに登場し、《ローエングリン》を新演出することになっている。

《ジークフリート》を担当するのはアイスランド出身のトゥールライフア・オーン・アナソン。レイキャビクの演劇一家に生まれ、ベルリンで演出を勉強し、『ペール・ギュント』など演劇の分野で成功、二〇一二年アウクスブルクでの《こうもり》からオペラ演出にも進出、その後《ローエングリン》《ラ・ボエーム》などでヴィースバーデンほかドイツでも活動を拡げている。二〇一六年のイプセン・フェスティバルでの『野鴨＋民衆の敵――エネミー・オブ・ザ・ダック』という、名作二つを現代の政治批判の観点から融合させた上演という野心的な試みにも注目しておくべきだろう。

《神々の黄昏》演出はドイツ出身のトビアス・クラッツァー。バイエルンの演劇アカデミーでオペラ・演劇演出を学び、《リゴレット》で二〇〇八年のグラーツの演出家コンクール「リング・アワード」受賞後、ブレーメン、グラーツ、ルツェルン、ニュルンベルク、フランクフルト、ベルリン、ブリュッセルなどで着実にキャリアを積んでいる。カールスルーエでの《ニュルンベルクのマイスタージンガー》は、独ファウスト賞の「最優秀ムジークテアーター演出家賞」にノミネートされ、同作品を二〇一九年にバイロイトで新演出することも決まっている。

そして、チクルス全体を音楽的に束ねるのは、二〇〇八年よりカールスルーエ歌劇場の音楽総監督を務めるジャスティン・ブラウンである。アメリカ・タングルウッドでレナード・バーンスタインや小澤征爾の薫陶も受けており、英米の作曲家による新作オペラの上演経験も多い。今回、《指環》チクルスとあわせて発表された、ワーグナー一族の物語をオペラ化した《ヴァーンフリート》（作曲アヴナー・ドルマン、脚本ルッツ・ヒューブナー

&サラ・ネミッツ、演出キース・ウォーナー）初演への貢献も大きいだろう。

ダーフィト・ヘアマン演出《ラインの黄金》（二〇一六年七月九日プレミエ）

旧約聖書としての《ラインの黄金》。もしくは、樋口裕一氏にならって、《指環》の「種」としての、と言うべきだろうか？　ヘアマンは、《指環》全体の預言の書として《ラインの黄金》をみせてくれた。確かに舞台上で《ラインの黄金》は上演されているのだが、同時に、この後の三作から、ライトモチーフおよび事件の性質上、絶妙に重なる瞬間が「発見」され、舞台上で「同時上演」されていく。そして、ヴォータンはその「これから起こること」のすべてを目にしているのだ。《ラインの黄金》が終演するときには、「同時上演」も《神々の黄昏》の終わりまで行きついている。

実際の展開を追う前に、ヘアマンが公演プログラムで提示している全体の構造について確認しておこう。彼によれば、《ラインの黄金》には三つの時間のレベルが存在する。「一つ目は永遠の時間で、エルダやラインの乙女たちという自然と結びつけられた存在によって表される。二つ目は地上、もしくは現在の時間で、これはアルベリヒや神々、巨人族をめぐる、権力や影響力の達成についての物語である。三つ目は未来の時間で、これはヴォータンの行動の結果を反映するものであり、避けることのできない運命である」。

本演出では、ヴォータンは自分の所業のせいで、この先誰がどのように死に、どういう目にあうのか、最終的に自分たちの世界が滅びる「未来」を、同じ舞台の上で早送りの映像のように「見る」ことになる。この二重の時間ゆえにヴォータンの周辺に生じるアイロニーが、独自の見どころとなる。また、自然の犠牲を第一歩としてつくられた神々や人間の世界は、その愚かさのために消滅を迎えたとしても、最終的には自然の永遠の相に回収されることも示される。舞台の最後、円環は見事に閉じるのである。

ひろがる星空の下、ラインの乙女たち（ウリアナ・アレクシュク、シュテファニー・シェーファー、カテリーネ・ティーア）が眠る所にエルダ（アリアーナ・ルーカス）が「金の指輪」を落とすところから物語は始まる。乙女たちとアルベリヒ（ジャコ・ヴェンター）の遣り取りはおおむね通常通りだが、舞台が回転して第二場に入るあたりから様相が変わる。第一場では、トネリコの巨木をイメージしたのであろう木の幹状の部分が、乙女たちのいた台座を縁取っている。この木の表皮と同じものが、次の場面で新しく登場する、横広がりのモダンな大空間を縁取っている。このヴォータン（レナートゥス・メスツァー）のオフィスと思われる空間の上部は屋上になっていて、この後の「未来」を語る芝居のかなりの部分がそこで展開されることになる。

この部屋で、観客にしてみれば「なぜ?」と思うような展開が起こる。二人の男と一人の女が登場して、一組の男女は壁から剣を抜いて部屋の真ん中にあるベンチに重なって寝転がる。あきらかに《ヴァルキューレ》一幕と思しき状況が演じられるのである。そのすぐ後、《ヴァルキューレ》でジークムントがブリュンヒルデに訪われる展開と重なるかのように、フリッカ（ロスヴィータ・クリスティーナ・ミュラー）が、同じ空間で寝ているヴォータンのもとを訪れて「起きて」と声をかけ、契約のことについて文句を言う場面となる。フリッカ登場への振りとしてのこの場面の追加こそ若干唐突だが、その後は見事としか言えない場面の呼応の連続となる。フライア（アグニッツァ・トマシェフスカ）が「お兄様!」と助けを求めている時、屋上では双子の兄妹が逃げている。ジークムントとフンディングが剣を交える場面の階下では、ヴォータンと巨人たちとのやりとりの中で「契

[写真1]
下段の室内では不安げなフライア（アグニッツァ・トマシェフスカ）を背後に、ヴォータン（レナートゥス・メスツァー）がファーゾルト（ヤン・スー）・ファーフナー（アヴタンディル・カスペリ）と契約の話をしている。上段では、「ブリュンヒルデ（ダイアナ・マッテス）が見守る中、ジークムントト（ヴィタリ・キューネ）がフンディングに殺される」場面が展開している。
Foto: Falk von Traubenberg ／写真提供：Badisches Staatstheater

約の動機」が鳴り響いている［写真1］。ローゲ（ジェームズ・エドガー・ナイト）が登場し「魔の炎の動機」が流れる時には、舞台上部ではブリュンヒルデが雪の中眠りにつかされているのが見える［写真2］。観客も次第に疑問を捨て、ヘアマンが《ラインの黄金》の中に、《指環》全体の予兆を読み取ろうとしているという意図を感知し、期待とともに展開を見守らざるをえない。

白眉と言ってよいのは、ヴォータンがニーベルハイムに降りていく場面である。場面転換で回転する壁の狭間に、彼は、ジークリンデとおぼしき女性が股間に血塗れの赤ん坊を残して死んでいるのを見つける。そして彼女の手を取るが、すぐ力なくおろし、それから赤ん坊を抱きあげて心音を聞くように耳を当てる。ちょうど金床を一定のリズムで叩く音楽が、赤ん坊ジークフリートの鼓動に重なることになる。この音楽の生かし方は絶妙だ。そしてここでは、しょせん自分の子どもなど単なる駒としか思っていないであろうこの傲慢な神が、自分の行為がもたらすであろう残酷な結果に強制的に向かい合わされている。このこと自体に大きな意味がある。

この後も、「ヴォータンが暴力でアルベリヒから指環

［写真2］
ローゲ（マティアス・ヴォールブレヒト）登場は、ヴォータンの幻視内のブリュンヒルデ（ダイアナ・マッテス）が炎の音楽の中眠りにつかされる場面に重ねられる。
Foto: Falk von Traubenberg ／
写真提供：Badisches Staatstheater

を奪う」場面と「変装したジークフリートが暴力でブリュンヒルデから指環を奪う」場面が同時進行だったり、指環を巡って「ファーゾルトとファーフナー」という兄弟が争う場面と「グンターとハーゲン」という兄弟が争う場面が重ねられたりと、興味深いパラレルが続く。

ドンナーの雷鳴と、ブリュンヒルデが投げた指環に飛びついたハーゲンが倒れる瞬間が重なり、最後の場面が始まる。いままで基本的に《ラインの黄金》側の空間だった下部の住空間で、ブリュンヒルデはジークフリートの亡骸と並んで横たわり、そこに火を放つ。ここで、パラレルだった未来の物語は《ラインの黄金》の「現在」になだれ込み、神々はこの煙にまかれてばたばた倒れていく。ヘアマンはプログラムでこの部分の音楽について、ローゲの予言通り近づきつつある「終末の日の音楽」だとも読めるのではないかと語っているが、その言葉通りの「世界の終わり」が描かれている。そして舞台装置は最初の場面に戻り、最後に歌うのはラインの乙女たち。彼女たちが歌い終わるとエルダが現れ、手にした指環を三人のもとに投げ入れる。自然界にラインの黄金が戻されて、円環が閉じる。

この舞台を観た時、心から感激したと同時に、あとに続く三人はどれだけやりにくいことかと苦笑した。四作に一貫性は求めないという前提の上演とはいえ、初日で《指環》のすべてが一回語り終えられてしまったのである。だが同時に、もしヘアマンがひとりでチクルスを演出するならこの発想での演出はなかったわけで、四人制《指環》のおかげでこんなアクロバティックな読みがこの世に登場することになった巡り合わせには感謝したい。《ラインの黄金》解釈史の中でも非常に独自性の高いものなので、できるならばこれは他の劇場で再演してでも映像に残してほしいものだ。

ユーヴァル・シャロン演出《ヴァルキューレ》(二〇一六年一二月一一日プレミエ)

ユーヴァル・シャロンの《ヴァルキューレ》は、分かりやすいながら鋭い切り口が多く、特に二幕が素晴らしい。一幕の人間界、二幕の神々の世界、三幕のヴァルキューレ集合所の各空間を分かりやすく切り替えつつ、映像を多用して丁寧に歌詞やライトモチーフの描くところを追う。

公演パンフレット恒例の演出家インタビューは、シャロンからヘアマンへの「公開書簡」という形が取られていた。もちろん彼が《ラインの黄金》を実際に観た時には《ヴァルキューレ》の稽古は進んでいて、彼自身の全体コンセプトは揺らぎようもなかった訳だが、それでもさすがにあの《ライン》を観ての自分の立ち位置というものを明確にしたかったのだろう。ヘアマンの「時間認知」のレベルの話を受け、自分の《ヴァルキューレ》解釈でもそこが重要となることを指摘する。

第一幕では、私たちは一方通行でしか時間を体験できない人間の持つ、ごく狭い視野で世界を見ることになります。しかしこの視点には、希望をもつ力と自由な意思の存在を信ずる心がつながっています。神々、特にヴォータンは、時間を循環的なものとして理解しています。過去、現在、未来は交錯しているものなのです。神の視野はより広範なものではありますが、そうやって一切のことが破滅に終わることが分かっていながら、どうやって生きていけるでしょうか？（中略）彼の悲劇は、そのなすことには何の生産性もなく、ただ自己欺瞞といつわりばかりだということです。（中略）彼は根気強く登っているようで、実はその場で足踏みをしているに過ぎない。それが、私が第二幕でエスカレーターを使った理由です。ヴォータンは上方へと倦まず歩みを進めていますが、それは最終的には単なるループなのです。

まずは一幕から見ていこう。横に三つのドアが並んだ白い壁が背景に並ぶ。シャロンが得意とする映像技術が十全に投入され、ドアは戸外とつながったり、過去の自分たちと出会う窓になったり、独奏楽器奏者が登場する場所になったり、多様な次元のつながる回路に変化する。壁に投影される子ども時代の双子たちのシルエットが、まだ隠されている「生き別れの双子」という人間関係や、過去の苦労など、芝居の「現在」では見えないはずのものをみせてくれるのである。

各々の語りは映像で内容を補足されるのだが、実際の歌手（役者）と映像、現在と過去の絡み合いが実に立体的である。ジークリンデ（キャサリン・ブロデリック）の昔語りでは、壁にトネリコの樹のシルエットが投影され、結婚式に謎の男が訪れた場面では右端の扉にヴォータンが姿をあらわし、ノートゥングは語りに出てきたところでその映像に追加される［写真3］。最終的にこの剣は、ジークムント（ピーター・ウェッド）に担がれた幼いジークリンデが持ってきて、大人のジークリンデに手渡されることになる。

二幕は神々の世界から始まる。一幕にあった壁の奥に、シャロンの書簡で言及されていたエスカレーター（実際には階段だと思われる）が登場し、神々はこの上下線

［写真 3］
ジークリンデ（キャサリン・ブロデリック）の昔語り。フンディング（アヴタンディル・カスペリ）との結婚式に、帽子をかぶった見知らぬ男（レナートゥス・メスツァー）が訪れた。
Foto: Falk von Traubenberg ／写真提供：Badisches Staatstheater

から対話する。この装置は、この夫婦の絶対的な「すれ違い」の描写手段としても秀逸だろう。フリッカ（エヴァ・ヴォラック）による夫の追い詰め方が素晴らしい。ヴォータンのレナートゥス・メスツァーも、この話術巧妙なフリッカを前にしてはちょっと迫力負け気味だった。

　ヴォータンの独白では本人が一度消え、壁に自分の大きな映像を投影して語りはじめる（声は映像裏から聞こえてくる）。一般にこの独白の場面では、あまりの長さに見失いがちだが、押さえるべきはアルベリヒと彼との関係である。現在のヴォータンの不安の根源は、自分と同じく激しい権力欲を持つアルベリヒの存在にあること。そして、彼が指環をふたたび奪取した場合に予想される攻撃というあいまいな「脅威」を前提に、ヴァルキューレたちを使った際限なき軍備増強が行われていること。この二点は、ここで語られている中でも、ヴォータンの強権政治の内実のなさを伝える上で特に大切な部分である。今回は、この部分でアルベリヒの大きな顔の映像を出し、おそらくこの独白冒頭のヴォータン自身の大きな顔とその存在感が重なるようにして、この部分の印象を深めている。「世界の終わり」を大仰に語るその根拠が、権力欲に満ちた似たもの同士の男ふたりの不安合戦であるということは、この壮大な音楽を完膚なきまでに相対化する。

強烈だったのは、ヴォータンがジークムントについて語る部分である。一幕の人間界のセットの中で、ヴォータンは「私から自由ながら、私の思うところを成し遂げてくれる他者」をつくったつもりだったと語りながら、完全に人形化してそこに立っている「息子」の身体を乱暴に「操作」する。フリッカだけではなくヴォータンも、結局は自分の子どもである双子の兄を「奴隷」であり単なる駒と思っていることがはっきり示された。この演出のヴォータンならば、おそらく妹のほうは目にも入っていないだろう。

だがその妹の存在と意思こそが活路になってこの世界は先に進んでいく、というのが面白い。何度か書いているけれど《ヴァルキューレ》は、ヴォータンと「女こども」たちしか出てこない物語なのだ。自分が完全に掌握していると思っていた「女こども」たちが異議申し立てをしてきて、彼が制御できない力によって世界が動き始める。強い男の都合で考える事だけでは世界は割り切れないことを、《ヴァルキューレ》は見事に描いている。

ブリュンヒルデ（ハイディ・メルトン）の死の告知の場面も、神々と人間の力の差を明示することで、結果的に、それを超えようとするジークムントの行為をより感動的なものにしている。空間的に一段上に立ったブリュンヒルデの神通力によって、ジークムントは魔法にかかったように身動きできなくさせられる。それでも彼は「妹と一緒に行けないならば、あなたについては行かない」と踏ん張り、最終的にブリュンヒルデを上段の安全地帯から引っ張り出し、自分に協力すると言わせるのである。彼が見せた、神の決定にも逆らおうとする人間の意思の力、愛の力の強さは、ベルリオーズの歌劇《トロイ人》のディドーをも思い出させる。

三幕冒頭、ヴァルキューレたちが英雄の死体を集める場所は、単なる岩山ではなく雪山である［写真4］。「書簡」によれば、ここはカスパー・ダーフィト・フリードリヒの『氷の海』（副題が「失われた希望」）に想を得た場面とのこと。戦乙女たちが次々とそこにパラシュートで降りる映像が大々的に使われ、ダイナミックな画面が展開するのは、ワーグナーが生きていれば、この「総合芸術」のために、きっと最新技術を使えるだけ使って観客を驚かそうとしただろうという発想の故らしい。最新のテクノロジーを使った新しい形のオペラを追求してきたシャロンとワーグナーの共通点はまさにここにあるのだろう。

「私より自由な者に」とヴォータンが語る音楽的クラ

［写真 4］
氷の世界で、ワルキューレたちに文字通りの怒りの雷を落とすヴォータン（レナートゥス・メスツァー）。
Foto: Falk von Traubenberg ／写真提供：Badisches Staatstheater

イマックスでブリュンヒルデは地下に落とされ、最後の場面では炎の映像の中、氷柱に閉じ込められて再登場して終わる点も一応記録しておくが、解釈としてのヤマは二幕で超えたと言っていいだろう。

全体として、映像はとても上手く使われていたが、一幕最後のクライマックスで一度舞台の進行が止まってしまうアクシデントがあったことは記録しておきたい。新しい複雑な技術を使うからこそ、更に慎重なる準備が求められる。あと事故と言えば、私の鑑賞した日（一二月一八日）には、《ラインの黄金》の時に比べ、ジャスティン・ブラウン指揮のオケ自体にもちょっと事故が多いのではないかと感じた。毎日公演のある歌劇場では難しいことだとは思うが、チクルスではよりムラのない仕上がりを期待したい。

*

もはやアナソン演出《ジークフリート》（二〇一七年六月一〇日プレミエ）、クレッツアー演出《神々の黄昏》（二〇一七年一〇月一五日プレミエ）について触れる紙面はなくなってしまったが、新聞評を見る限りではこちらも非常に意欲的な解釈が繰り出されているようである。特に、最初三作の演出家たちを登場させてメタな語りが展開されているという《神々の黄昏》については興味が尽きない。本書刊行時には一八年のチクルスは終了しているのだが、もし今後更にチクルス再演があった場合には、私もぜひ後半の演出を観に行きたいと思うとともに、日本からも多くの方に駆け付けていただきたい。それだけの甲斐のある、ワーグナー上演の未来につながる《指環》としてお薦めする。

書評

国内ワーグナー文献　二〇一七

佐野　隆

二〇一七年に刊行されたワーグナー関連の文献から、書籍三点と学術論文三点を紹介する。なお、オペラの題名、その他の用語は各著者の表記に従った。

『帝国のオペラ――《ニーベルングの指環》から《ばらの騎士》へ』

広瀬大介著　河出書房新社（二〇一六年一二月）

本書は、一八七一年に成立したドイツ帝国の時代、ドイツとその周辺におけるオペラの様相をリヒャルト・ワーグナー（一八一三－八三）とリヒャルト・シュトラウス（一八六四－一九四九）を中心に論じたものである。

プロイセンの宰相ビスマルクの時代、普墺戦争、普仏戦争を経てドイツ帝国が成立した。この時期ワーグナーはバイロイトへ居を移し、一八七六年には初のバイロイト音楽祭を開催する。ワーグナーの死後、音楽祭はコジマ、ジークフリート・ワーグナーに引き継がれてゆく。ドイツ・オペラにおけるワーグナーの大きな影響の下、リヒャルト・シュトラウスは一八九〇年代からオペラを手がけるようになり、次第にオペラ作曲家としても認められてゆく。本書で中心となるのはこのような時代であるが、その前史として、一八六八年に初演された《ニュルンベルクのマイスタージンガー》が大成功を収めたことが紹介される。この頃ワーグナーは、バイエルンのルートヴィヒ二世の政治と関わりを持ち、自らの政治信条を公にするなどの活動をしていた。普墺戦争でバイエルンが敗れた後、ドイツの芸術と政治に関する論陣を張っていたワーグナーが、民衆芸術の称揚を《マイスタージンガー》で表現したことは、広く人々に訴えるものがあった。当時の世相を反映するような、時代に寄り添った国粋主義的な政治思想の表明をこの作品に込めたからこそ成功したのである。

このように本書では、オペラがその時代の社会状況と密接に関連していたことが、当時の政治上の出来事、作曲家の言動などと関連付けながら紹介され、音楽作品が当時どのような意味合いを持っていたのかが考察される。芸術作品を時代・文化との関わりの中で考察することとは昨今ではほぼ常識と化しているが、ワーグナーのように政治的言動の多かった人物ともなれば、その作品や受容の理解には不可欠なことである。本書における当時の社会状況の紹介は、各国の利害や政治関係がうまく整理されており、オペラ上演時の状況を理解するには最適である。

第一回のバイロイト音楽祭開催（一八七六年）において初演された《ニーベルングの指環》に関して著者は、「同時代的なるものへの批判、批評」が込められているという。《指環》の台本を執筆した頃のワーグナーは、ドレースデン革命後にドイツを追われ亡命生活に入り、挫折感を味わっていた。そのような社会への批判、風刺とともに、当時ドイツの政治権力や近代国家への強い思いから《指環》の物語は成立した。そして、《指環》が持つこの社会的主題を初めて目に見える形で上演したのがパトリス・シェローであったと述べる。ここでは、シェローの論説なども引用しつつ論じられ、今さらながらシェロー演出の価値に気づかせてくれる。

また、ニーチェに「キリストに膝を屈した」と揶揄された《パルジファル》に関しては、ワーグナーがドイツ帝国に失望し、ドイツ文化の荒廃、キリスト教の堕落を時代に感じていたことがその成立に影響しているという。すなわち《パルジファル》は、成立して間もない頃の「原」キリスト教はいかなるものであったのか、あるいはいかなるものであってほしいのか、というワーグナーの想像力と希望の産物であったのではないかと述べている。このような解釈で《パルジファル》の表現する意味に気づかされるとともに、幕切れの「救済者」とはキリストか、ワーグナー自身か、などの議論ともども、この作品をまた別の角度から聴きなおせる手がかりを得た感がある。

本書後半は、ワーグナー後の時代に活躍したリヒャルト・シュトラウスのオペラについてである。ワーグナーの場合と同様に、社会状況とシュトラウスの生涯、境遇などを紹介しつつオペラの考察へと進む。著者がシュトラウスを専門としているだけに、その記述はかなり細かい点や、オペラ以外の作品にも及び、多くの興味深い情報が示される。

中でも、《ばらの騎士》より後のオペラが、それ以前の《サロメ》、《エレクトラ》よりも「聴きやすく」、音楽的に進歩的でないなどの理由で、シュトラウスの作品の中ではあまり重視されていないことには少々驚かされる。これに対して著者は、《ばらの騎士》の「偉業」に関してはもちろん、音楽的に見れば《サロメ》などよりも、モティーフや調性などの扱いがよりシステマティックであり、物語と一体化していると指摘する。さらに《影のない女》、《インテルメッツォ》、《アラベラ》などのより新しい進歩的な特徴は、決して音楽的退歩ではないと論じる。シュトラウス後半生の作品は、オーケストレーションのみを聴いたとしても、その精緻巧妙さには驚かされ、決して退歩などではないと感じていただけに、著者のこの考察には大いに賛同できる。

また、小さい用語についてだが、オペラの題名《火の消えた街》は適切な訳だと感じた。今までの《火の危機》や《火難》では意味がよく分からないが、この訳ならばオペラの内容を適切に表しており、日本語として吟味されていると思う。

本書は、著者の博士論文やその他これまでの論考が基となっている。研究書ではないため注は付されていないが、それぞれの考察においては相当数の文献を渉猟したことが伺われる。ワーグナー、シュトラウス以外にも、イタリア・オペラから二〇世紀のバレエ音楽、シェーンベルクまでの概観をも含み、音楽界全体の特徴がつかめるようになっている。その時代の政治・文化と音楽の関わりに十分目を配り、音楽的分析も含みながらも文章は読みやすく、全体の分量に比して得るところが多いという感を受けた。

『《ニーベルングの指環》教養講座——読む・聴く・観る！リング・ワールドへの扉』

山崎太郎著　アルテスパブリッシング（二〇一七年三月）

「前口上」によれば、《ニーベルングの指環》の「入門書」、「入門講座」を目指した書である。しかし、いわゆる通常のオペラの入門書のように、作品の概略など大まかな説明に終始するのではなく、もう一歩踏み込んでその内容を解釈・解説することで、奥深い《指環》を紹介しようとするものである。《指環》のような超大作の全てを解説しようとは、それも通り一遍にならないように行うとは、その意気込みにまず驚かされる。オペラの台本、ト書きを精読し、音楽を分析し、ほぼ全ての物語の進行に沿って解説・考察するという手順で、そこには著者独自の新たな解釈、深読みもある。あえてそのような解釈をも提示し、さらなる考察の基としたいというのが著者の意図であろう。

ワーグナーの台本は、音楽を付けるための単なるテキストではなく、それ自身で哲学、文学、歴史などの意味合いを内在する、含蓄の深いものであることは周知のとおりである。言葉どおり解釈すれば問題のないものから、何かを暗示したり、前史を知らなければ理解困難な箇所など、テキストを読むといっても多大な労力を要する。さらに、そのテキストが歌われるときの音楽は何を訴えているのか、ライトモチーフとの関連はなど、考察する観点は多い。

たとえば、《神々の黄昏》のハーゲンについて、その出生がアルベリヒの思惑で成されたものであり、親の愛情を受けてはいないことが確認される。世間への憎しみに満ちた陰謀家のハーゲンについて、ドストエフスキーの小説の登場人物に似たような人物を見出し比較するなど、その病んだ性格を生んだ幼少期の経験、アルベリヒとの親子関係などを、多くはない台詞の中から拾い出し考察を加えている。

しかし、《指環》全体の結末には迷っていると述べている。草稿段階で何度かの結末の変更を施した後の現在の幕切れは何を意味しているのか、ブリュンヒルデは自己犠牲を遂げたのかなど、いまだ解釈の余地は大いにあるようである。

本書全体で、《指環》のほぼ全ての場面に対する注釈・解釈が示される。それらについて納得し、またあるものには驚かされるなど興味は尽きない。台本、ト書きからさまざまな可能性を引き出す考察と、それを伝える文章力には感心させられる。ひとつの解釈を導くために、多様な分野の研究結果を引用し議論を組み立て、著者のこれまでの研究も総動員し、「《指環》解題」を成し遂げている。《指環》の奥深さをまざまざと見せられた感がある。

ところまで来て、本書は「入門書」であろうか、という疑問が浮かぶ。確かに本書でじっくり知識を得た後に《指環》を視聴すれば、たいへん興味深く鑑賞できるであろう。しかし、たとえば作品の概略のみをあらかじめ知る程度で、音楽にまず身を任せるというのもひとつの聴き方である。ワーグナーの音楽に感動しその魅力に十分浸った後、本書を読むことでさらなる魅力を発見することは間違いない。このような観点からすれば、本書はワーグナー中級以上の人々にとってこそふさわしいともいえる。とはいえ、《指環》に感心を持つ人ならば誰にとっても、本書は一読の価値があることに相違はない。

最後に二点、用語に関することでひと言。二六六頁の「微分曲線」は少々意味不明で、数学用語を用いるのであれば、「近未来を表す直線を漸近線とし、それに限りなく近づく現在の曲線」となるであろうか。また、三二二頁の「gestopft ゲシュトプフト」とは弱音器（ミュート）を装着するのではなく、楽器のベル（開口部）の中に手を入れて音色を変化させるホルン独特の奏法で、文字通り管が詰まった音を出すことである。

『リヒャルト・ワーグナーの妻　コジマの日記 3』
コジマ・ワーグナー著（三光長治、池上純一、池上弘子訳）東海大学出版部（二〇一七年一〇月）

ワーグナーの妻コジマが残した日記（一八六九－八三）の翻訳、全一〇巻予定のうちの第三巻である。本巻には一八七一年一一月から一八七三年四月までの一年半分を収めている。この時期ワーグナーは、トリープシェンからバイロイトに移り住み、劇場および自宅の建設が進む中、音楽祭開催に奔走していた。そんなワーグナーの言動を日々逐一記録した日記は、ふたりの人生の記録であり、また音楽史上の貴重な資料でもある。

「至上のカップル」（E・ブロッホ）であるワーグナー夫妻はお互いを思いやり、愛し合っていたことが読み取れる。コジマにとってワーグナーは尊敬に値する人で、ワーグナーを理解したい、どうしたら彼のためになれるのかといって悩む言葉が、日記の中に何度となく現れる。ワーグナーが演奏旅行で留守のときなど、日記には寂しさの吐露も見られる。そんなふたりは運命で結ばれたのだと確信しつつも、ハンス・フォン・ビューローの元を去ったことには「神よ、私をお赦しください」との言葉が綴られることもあり、コジマの感情の動きが見えるようである。

日記は、「リヒャルトは昨日はよく寝られなかった」などの言葉で始まり、ワーグナーの言動、思想などを事細かく書き記している。そんな生活の中で、就寝前にふたりで読書するという記述がほぼ毎日のように現れる。読む本は、プラトン、ショーペンハウアー、ギリシア悲劇、シェイクスピアなどさまざまである。時には、「リヒャルトは本の整理」などの記載もあり、書物との関わり方などが分かり興味深い。

バイロイト音楽祭については、劇場建設の様子、各地のワーグナー協会の動向、後援者証書の販売状況などに一喜一憂する様子が綴られている。資金獲得のための演奏旅行、劇場定礎式で演奏するベートーヴェンの第九の団員募集の件など、ワーグナーが各方面へ手を尽くしていた様が伝えられている。と同時に、《神々の黄昏》の作曲を進めている時期であり、作曲したところをピアノで弾いてくれた、あるいは、体調が悪く、雑用が多くなどの理由で作曲できないなどの記載もある。

リストとワーグナー、リストとコジマのぎくしゃくした関係や、久しぶりにふたりでリストに会ったことなども綴られる。時には、ニーチェ教授が突然訪ねて来て自作をピアノで披露したなどの記述もある。ニーチェも多くこの日記に登場する人物のひとりである。ワーグナーとニーチェの関係がいちばん良好な時期でもあり、ニーチェは、大学を辞めてバイロイトのために働きたいなどと申し出ることもあった。この申し出に対しては、コジマが思いとどまらせたという記述がある。ワーグナーとニーチェの関係についての貴重な証言である。以上のような興味の尽きない情報が、この日記には満ちている。

コジマの日記がワーグナー研究の第一級資料であることは言うまでもないが、その全文が日本語訳で出版されるというのはたいへんありがたい。コジマの日記は、書かれた期間に比べてページ数が多いとのことで［1］、それだけ日々の出来事が細かく書かれているわけで、ワーグナーの言動を伝える貴重な記録が手軽に読めるようになったわけである。しかし、訳者も述べているように、ただ日記本文を訳しただけでは理解しがたい箇所が多い。突然登場する人物、当然のように語られる事柄などが頻出する。日記第一巻の時から同様であるが、本書には詳細な注がついている。ほぼすべての日について、それぞれかなりの量の注がついていており、詳細な解説が施されている。人物の経歴、ワーグナーとの関係、文学作品の解説、哲学、文学作品の内容や当時における意味合いなど、訳者の作業は困難を極めたことが推測できる。訳文の日本語は読みやすく、注を気にせず読めば容易に理解できる日本語となっている。全体を通読することで、大きな時代の流れ、雰囲気を理解することもでき、そのためにも翻訳書は必要であろう。翻訳者にはたいへんな作業であろうが、残り七巻すべてこのような体裁での完結を望むものである。

最後に、些細な訂正を二つ。一八七二年一月一七日の注1、ベートーヴェンの第九についてのワーグナーの言葉が指す箇所は、注に示されているように第一楽章の再現部のことと思われるので、三〇一小節からである。また、一八七三年一月二〇日の注2に記載されたベートーヴェンの第五交響曲の小節番号は、三、四楽章通しの数であり、第四楽章のみでは一五三小節からである。

「《タンホイザー》パリ上演のための改変とその管弦楽法」

岡田安樹浩著　『音楽学』第六二巻一号（二〇一六年度）

一八四五年にドレースデンで初演された《タンホイザー》は、パリでの上演（一八六一年）のために、さらにその後の一八七五年に至るまで改変を施されている。本

論では、この改変の内容を管弦楽法の観点から検討し、この改変がワーグナーの創作活動の中でどのような位置にあったのかを考察している。パリ上演のための改変だけでもいくつかの版あるが、劇場・歌手側からの要求でやむなく修正した箇所が少なく、ワーグナー自身の欲求で行われたと考えられる改変を多く含む版（一八六〇－六一年）を、ここでの検討対象としている。

年代的には、《タンホイザー》のパリ上演までにワーグナーは、《ローエングリン》、《ラインの黄金》、《ヴァルキューレ》、《トリスタン》の四作品を完成させている。パリ上演のための改変を比較してみると、たとえば、第一幕のバレエ音楽での、女声アンサンブルとハープの使用、ふたりの奏者によるティンパニー、あるいはヴァルヴホルンの使用や、歌唱と楽器の旋律線の絡み合いなど、《ローエングリン》、《ラインの黄金》、《トリスタン》の作曲を通して培った管弦楽のノウハウが取り入れられていることがわかるという。あるいは、ハープの使用法においては、当時のグランド・オペラの手法を取り入れるなど、《ラインの黄金》の手法と似たものを《タンホイザー》の幕切れで用もいるなど、パリ上演にむけての改変は、経験を積んできたワーグナーの管弦楽法を駆使し、改変したいという欲求に従い行われていたことがわかる。

以上のような分析を、実際に譜例を挙げて楽器の使用法を解説していることは説得力がある。ワーグナーがパリ上演のために行った《タンホイザー》改変は、劇場からの要求により成されたというイメージがあったが、実際のオーケストレーションを比較検討することで、単なる外的要因だけではなく、ワーグナーの内からの欲求によっても行われていた可能性が確かめられたわけである。このパリ版での編曲の経験が、以降の創作にどう関わったのかを明らかにすることは難しいとのことであるが、これからの研究に期待したい。

「ワーグナー『恋愛禁制』における社会批判――ハインゼ『アルディンゲロと幸福な島々』への共感と「ピューリタン的偽善」への反感」

加藤恵哉著　『上智ヨーロッパ研究』第九巻
上智大学ヨーロッパ研究所（二〇一七年三月）

ワーグナーの初期作品に関する研究は、最近ますます増えている。そんな中、本論ではワーグナー二作目のオペラ《恋愛禁制》の成立要因を探り、社会批判としてのドラマを目指したその意味は何なのか、ハインリヒ・ラウベとの交友関係、ワーグナーに及ぼした影響関係を含め考察している。《恋愛禁制》作曲前、ワーグナーはラウベの社会革命の思想に共感し、ともに活動するほど親しく交流していた。当時のドイツオペラに不満を持ち、「血の通った真実の生」を描くことを目指していたワーグナーは、ラウベの『若きヨーロッパ』、そしてラウベを通してワーグナーが受容したハインゼの『アルディンゲロと幸福な島々』から大きな影響を受け《恋愛禁制》を構想した。『アルディンゲロ』からその社会批判の在り方を学び、自分の作品に取り入れようとした。その結果《恋愛禁制》は、「感性の自由」の勝利や「ピューリタン的な偽善」の敗北という、『アルディンゲロ』と似た理想主義的結末を持つドラマとなった。

結果として《恋愛禁制》の上演は失敗に終わった。しかし、それをもってこの作品をただの習作と見なすのではなく、その挑戦的な試みには意義があり、後年の《ニーベルングの指環》のヴェルズングと神々の対立構造へと向かう重要な一歩であったという結論へ至る。この後、《リエンツィ》、《オランダ人》以降、ワーグナーの作品にラウベの影響は見られないが、社会批判の変遷という観点からの《恋愛禁制》から《指環》への関連の可能性を示唆している。また、《リエンツィ》以降ワーグナーとラウベは、音楽に対する考えの違いがあったとの指摘もあるが〔2〕、この点を含めてのさらなる研究を望むところである。

「ワーグナー《トリスタンとイゾルデ》におけるライトモティーフの変容——第一幕前奏曲冒頭楽節を例に」

広瀬大介著　青山学院大学比較芸術学会会誌『パラゴーネ』第四号（二〇一七年三月）

本論は、《トリスタンとイゾルデ》冒頭三小節の楽節、いわゆるトリスタン和音を含む「憧憬のモティーフ（トリスタン・モティーフ＋イゾルデ・モティーフ）」を、ワーグナーは作品全体でどのように用いているのか、また、劇的な表現方法とどう結びついているのかを考察したものである。第一幕でトリスタンとイゾルデが毒薬と信じて媚薬を飲んだ後の場面に、前奏曲の冒頭部分がほぼそのまままくり返される以外にも、「憧憬のモティーフ」は、第一、二幕では媚薬（毒薬）の効能とその結果の死に結びつくイメージの暗示として用いられている。また第三幕では、トリスタン・モティーフを欠く「トリスタン和音＋イゾルデ・モティーフ」による「待ち続ける」

時間の表現として、たとえば、死ぬつもりで毒を飲んだが死ねずこの世に引き留められている、あるいは、瀕死のトリスタンがイゾルデを持ち続けるなどの場に用いられている。作品全体の幕切れでは、その「待ち続ける」モティーフが死によって成就される最後の和音へと解決する。

以上のような分析、解釈の結果、ワーグナーは、冒頭のモティーフをそのままで、あるいは長い旋律に組み合わせて使用するなど、劇音楽の中でどのように効果的に用いることができるのか、《トリスタン》において、その可能性をさまざまに追求していたのではないかとの結論に達する。

ここでは「憧憬のモティーフ」のみについて、作品全体での使用法とその表現の意味を考察しているが、筆者も述べているように、ここで行ったのはオペラ分析の方法論のひとつの可能性である。作品内に繰り返し現れる動機の構造・形式などを細かに調べることは分析に必要なことであろう。その上で作品全体の中でどのような意味を持っているのか、他のモティーフとの関連などを含め、さらに研究を発展させることを期待したい。また本論では、「トリスタン和音」という名称が、一九世紀的な価値観が第一次世界大戦によって破壊された後に始まった「進歩主義」の名の下、それまでの機能和声に対し無調や十二音技法が登場する中で、その進歩性を象徴するかのようにこの名が与えられたという、歴史的な逸話も紹介されている。

●注

1 『コジマの日記 1』(東海大学出版会、二〇〇七) xii頁。
2 『ワーグナー事典』(東京書籍、二〇〇二) 三七七頁。

書評

海外ワーグナー文献　二〇一七

フランク・ピオンテク／松原良輔 訳

『書簡全集第二五巻（一八七三年）』

Richard Wagner: *Sämtliche Briefe*. Bd.25: 1873. Hg. von Angela Steinsiek. Breitkopf & Härtel. Wiesbaden 2017.

周知のようにワーグナーの創作の歩みには、《ジークフリート》第二幕の作曲と第三幕のそれとの間で、時間の空隙が生じている。ワーグナーの書簡全集の編者も、それと似たような歩みで進んでいるようだ。まだ第二〇巻が欠けている一方で、早くも第二五巻が出版されたのだから。

本巻が対象とする一八七三年は、《指環》三部作が《神々の黄昏》第一幕の楽器編成を練りあげる段階にさしかかる一方で、ワーグナー自身がバイロイトに降り立った年である。この多忙な一年に、彼は少なくとも三二一通の手紙を書いているが、音楽における代表作でありライフワークでもある《指環》を完成させることについては、ほとんど言及されていない。ドレースデン時代とチューリヒ時代にワーグナーが書いた書簡においては、理論的・美学的考察が時に何枚にもわたる理詰めの記述を生み出していたが、そのような時代は終わりを告げている。今や問題になっているのは、バイロイト祝祭の創設に向けて実際に動き出すことだ。しかし一八七三年の年明け早々から、祝祭を財政的な破綻寸前に追いこむことになる危機が始まったのだ。非常に大部なものになりつつも、いつものごとく入念に編集された本巻では、芸術が話題になることはほとんどない。それだけに一層、お金のやりくり、劇場の建設、総譜やピアノ・スコアあるいはいくつかの著作の刊行といった、壮大でもあれば付随的でもある問題について語られていることが際立つのだ。

編集作業の結果、現物は失われたものの随所で詳細な説明が加えられた一四点に加えて、書簡と電報あわせて三〇七点が読者に提供されることになったわけだが、そのうち本巻で初めて印刷媒体に載ったものは六三点もある。また「すでに知られている」資料のなかにも、これまでは部分的にしか公刊されていなかったものや、入手困難な媒体で出ていただけのものもある。付録として収録された資料もまた宝の山だと言える。ワーグナーの周辺にいた人々の回想録や手紙の抜粋、あるいは新聞記事などを読むと、仕事人としてのワーグナーの生活がパノラマ映像のごとく浮かんでくるのだ。その中にはたとえば、「リヒャルト・ワーグナー協会連合体がドイツ皇帝に宛てた、《ローエングリン》に関する請願書」も含まれているが、これが前回世に出たのは一九二二年のことである。この一年はワーグナーに豊かな収穫をもたらしたが、《指環》の完成者が祝祭劇場建設にあたって向き合うことになった腹立ちの種も、途方もないものであった。彼は、オーケストラ・コンサートのためにパート譜の一つ一つを気にかけたかと思えば、祝祭の設備担当者との協議を重ね、また時には厚顔無恥な出版社や無能な仕事仲間に怒りを覚えつつ、その合間に《神々の黄昏》の総譜を細々と書き進めていたのである。

ワーグナーは多種多様な言葉を使いこなす男であり、仕事上の手紙においてすら時に輝かしい文体を披露することがあったが、このような彼の「真の姿」に興味を持つ向きは、この素晴らしい一冊から大いに得るところがあるだろう。またワーグナーほどの人でも向き合わざるを得なかった、順風の中での労苦がどのような様相を呈していたか知りたいという向きも、本巻を楽しく読み進められるだろう。そこには、バイロイト祝祭創設の歩みのみならず、一九世紀音楽史の理解にも資する細部がぎっしりと詰まっているのだから。

『リヒャルト・ワーグナーとウィーン――反ユダヤ主義の過激化とワグネリスムの誕生』

ハンネス・ヘーア（編）

Hannes Heer u.a. (hg.): *Richard Wagner und Wien. Antisemitische Radikalisierung und das Entstehen des Wagnerismus* (Musikkontext, Bd. 11). Hollitzer Verlag. Wien 2017.

ある有名な言葉の、これまた有名な変化形をさらに一ひねりするならば、本書がもたらす感慨は「ワーグナーと反ユダヤ主義には、果てがない」ということになろうか。このテーマをうまく処理して決着をつけるのは不可能である一方で、まだまだ新発見の余地もある、という意味である。問題意識豊かな一六編の論文を収録している本書は、ウィーンで開催されたシンポジウムをもとに刊行されたものだが、そこでは帝都としてのウィーンと反ユダヤ主義の牙城であったウィーンのあいだに、ワーグナーの音楽劇作品と著作のあいだに、そして一九世紀オーストリアにおけるワグネリスムと「反ユダヤ主

義の過激化」のあいだに見られる複雑な関係性が問われていたのである。本書の編者でもあるハンネス・ヘーアの論文は、人種理論家としてのワーグナーが示した過激な見解を、芸術と政治をめぐる彼の思想の中心に位置づけているのだが、他の寄稿者の論文と比較しつつ読むならば、ヘーアは誇張しているという結論に達することはないだろう。「本当にウィーンが、ヘーアの主張する通り、ワーグナーの世界観の発展にとって重要な都市のひとつだったのか」という問題よりも重要なのは、「ユダヤ的なるもの」という場においても、あるいは他ならぬこの場において、芸術・イデオロギー・生という三要素が強烈に絡みあっており、その結果として「ウィーンはまさにワーグナー受容における中心都市だ」と考えざるをえないという洞察である。それ以外にも、ウィーン市立ユダヤ博物館における展覧会「束の間の幸福感と不満」をはじめとする活動がなされ、有意義な書籍や論文がすでに公刊されている今の時点でもなお、旧ウィーン宮廷歌劇場アーカイヴとバイロイトの国立リヒャルト・ワーグナー・アーカイヴとを結ぶ新資料が発見されえたという点にも注目しておきたい。本書の中核をなすテーマからは少しはみ出しているが、ウィーン宮廷歌劇場におけるリベラリズムについてのクレメンス・ヘスリンガーの講演原稿や、ウィーンでの《ローエングリン》上演で短縮版が使われた事実と、ワーグナーのためにノーカットで模範上演を敢行するのは客観的に見ても不可能だった事情を解き明かす、カロリン・バールによる大部の資料研究なども挙げておこう。

また、ウィーンの「スター批評家」だったエドゥアルト・ハンスリックとの対峙だけでも重大事だったことは、この毀誉相半ばする『音楽美学』の著者を議論の中心に据えた論文が四本もあるという事実から読み取れよう。これらの論文の著者（ハンネス・ヘーア、ハンス゠ヨアヒム・ヒンリクセン、リヒャルト・クライン、ヴォルフガング・フーアマン）は、重点の置き方はさまざまだが、そろって次のような一面的な解釈に反対票を投じている。それは、ワーグナーが「ユダヤ人」問題においても、社会ユートピア主義者として、多かれ少なかれ人間的な仕事に取り組んでいると考えるものである。そのユダヤ人の代表と見なされたのが、「音楽におけるユダヤ性」の第二版において、実態に即していない正面攻撃の的となった批評家ハンスリックなのだ。

ワーグナーの作品は、当時の、そして現代のワグネリアンが考えるほど比較を絶する存在なのか――一九世紀末、グイード・アードラーは伝統をよりどころにする音楽学の立場から、この問いを退けたが、反ユダヤ主義を奉ずる骨の髄からのワグネリアンから、熾烈きわまりない反発を受ける羽目になった。本書が示すとおり、ワグネリアンをめぐってウィーンが呈していた様相は、時にグロテスクであるものの、大概は驚愕を生み出すものであり、しかも歴史の流れの中で反動色を強めていったのである。そもそもワーグナー自身において、芸術と政治は分離不可能だった。ウィーンのワグネリアンたち――たとえばゲオルク・ハインリヒ・リッター・フォン・シェーネラー――によって、彼が晩年に抱いていた思想は、ドイツ・ナショナリズムと反ユダヤ主義の強化という意味での政治色を強めながら継承された。したがって、ワーグナーとワーグナー協会が反ユダヤ主義に関して少なからぬ点で一致していたにもかかわらず、彼は協会に対して終始懐疑的であり、喜びというよりはむしろ怒りを覚えていたのではないか。本書には、創設時におけるさまざまな問題、運営方針をめぐる抗争、会の分裂など、協会活動にはまった人々が巻き起こした騒動を扱った論考が六本も含まれている。

ヒューストン・ステュアート・チェンバレンが位置づけられるのも、このような風景の中である。ウィーンにおけるヴァーンフリート荘とのつなぎ役、スパイにしてプロパガンダ担当者、そして潜在意識の操作者として注目されるのだ。はたしてワーグナーとその作品は、オーストリアのドイツ語圏における反ユダヤ主義的ナショナリズムを煽ったのかどうか、また、シェーネラー主義者やその仲間が語った口当たりの良い政治的言説は、仮にバイロイトでの動きがなかったならば、実際と違ったものになりえたのかどうか――本書に寄稿している著者たちは、仮想的な疑問は意味なしとして、このような問いを投げかけることはしていない。ただこの点は、読者自身が向き合うべき事柄だろう。ワーグナーが及ぼした影響には、驚くほど多様なパターンが見られるのだが、本書を読むと、その中にオーストリア帝国における政治と芸術（政策）とがいかに分かちがたいものかを裏づける、実に素晴らしい研究テーマが見えてくるのだから。

『リヒャルト・ワーグナーの「音楽におけるユダヤ性」』

フランク・ピオンテク著

Frank Pionthek: *Richard Wagners "Das Judentum in der Musik"* (Leipziger Schriften zur Wagnerforschung 6). Sax Verlag. Markkleeberg 2017.

右記の書籍との関連で、本書評の筆者による「音楽に

おけるユダヤ性」の注釈つき新版もご紹介しておこう。本書の出版によってついに、ワーグナーのさまざまな戦略、二種類のヴァージョンに関する多くの政治的、社会的、音楽史的、伝記的な背景情報、ワーグナーのテクストで言及される歴史的な人物や著作について、明確な問題意識に基づいて詳解した本文が世に出たことになる。

『リヒャルト・ワーグナー――音楽による所作、所作としての音楽』

カトリーン・エガース／ルート・ミュラー＝リンデンベルク（編）
Katrin Eggers / Ruth Müller-Lindenberg (Hg.): *Richard Wagner. Musikalische Gestik – gestische Musik.* Königshausen & Neumann. Würzburg 2017.

ワーグナーの音楽劇の美学にとって、「所作」と「身ぶり」は中核をなす概念である。近年、これらの概念をめぐる議論は厚みを増しつつあるが、今回出版されたきわめて刺激的な論文集の助けを借りることで、パフォーマンスと音楽構造との間で微妙に色を変えながら揺れ動くこの多層的な現象を、かなりうまく掴めるようになったと言えよう。かつてパウル・ベッカーが「形式の身ぶり」と名づけたものを「細やかに分析せよ」というアルネ・シュトルベルクの要求は、この新刊書では、もっぱら具体的な細部に関する個別研究によって着実に満たされている。

ここではごく少数の例を紹介するにとどめよう。ワーグナーにおける所作についての基本文献を私たちに与えてくれたマルティン・クヌストは、ワーグナーの所作や身ぶりが見せる多くの独自性の土台が、同時代の演劇芸術の「非感覚的で超合理的な明確性」にあることを発見した。この明確性ゆえに、一見したところワーグナーとかけ離れたところにあるジャン＝バティスト・リュリの作品群を、ワーグナーと比較することが可能になる。音楽が「鳴り響くト書き」になっている点で、両者の類似性は根本的なものなのだ。カイ・ケップは、《さまよえるオランダ人》の中でも、ワーグナー自身による密度の濃い注釈の対象になっている箇所（たとえばオランダ人が登場する際の波状音型やダーラントの所作）と取り組んだ。その際に著者が目指したのは、記号論的でもあればパフォーマンス的でもある観点を際立たせることだ。その結果、ワーグナー自身の注釈と音楽に基づく所見との間に矛盾が見いだされたのが興味深い。和声と作曲技法について綿密な分析を行っているのが、アルネ・シュトルベルクとアリアーネ・イェスラートだ。前者は《ローエングリン》の婚礼行列の音楽を、前奏曲に出てくるあるモティーフと関連づけながら分析しており、後者は《ヴァルキューレ》のある特異な場面に着目し、きわめて音楽哲学色の強い枠組みに依拠しながら、マックス・ウェーバー風の社会学的な結論に到達することを目指している。シュテファン・メッシュの論考は、バイロイトにおけるフランク・カストルフの《指環》演出を批判したものだが、これは本書全体のテーマからは少々はみだしていると言えるかもしれない。しかし、まごうことなき音楽劇的な身ぶりが、この「レジーテアーター」という構造の中でどこに位置づけられ、そこからどのような価値を受け取っているかについては、しっかり議論されている。ただしこの価値は、「ハイパーリアリズムと語りの有効性が、両者が心理学的な掘り下げや信頼に足る役作りへの道筋をつけるはずの場所で、失われてしまっている」がゆえに、ゼロに等しいとされる。この指摘を出発点として、ワーグナーが生きた時代の舞台づくりを規定していた、確かに時代遅れではあるが必須のものでもあった縛りへと考察を拡げることができるだろう。

『オットー・ブリュックヴァルト——忘れられた芸術家にして建築家』

トーマス・シュトローベル著
Thomas Strobel: *Otto Brückwald. Ein vergessener Künstler und Architekt.* E. Reinhold Verlag. Altenburg 2017.

マルクス・キーゼルは二〇〇七年に刊行された著書で、バイロイト祝祭劇場の真の設計者は誰かという問いを立てた。祝祭に足を運ぶ人々の中には、今でもこの問いに間違った答えを出してしまう者も少なからずいるのではないか。ゴットフリート・ゼンパー——ドレースデンで二度にわたって「ゼンパーオーパー」を建て、ミュンヘンで祝祭劇場を設計した建築家だろうと答えてしまう向きもいるだろうが、そうではないのだ。たしかに、バイロイト祝祭劇場の内部空間の構造は彼に由来するという見解は、間違いとは言い切れないのではあるが。この建物の真の作者というべき建築家オットー・ブリュックヴァルトは、ゼンパーに比べるとはるかに知名度の低い存在である。ごく最近まで彼は、あらゆる点において比較的マイナーな建築家だった。トーマス・シュトローベルによる本書は、この建築家について初めて書かれた、しかもきわめて包括的な研究書だが、その副題にあ

る「忘れられた芸術家にして建築家」という表現は、ブリュックヴァルトをめぐる今日の状況には当てはまらないだろう。それでも、彼がゼンパーの陰に隠れているのも確かだ。一九八五年にハインリヒ・ハーベルが綿密な研究の成果を発表したにもかかわらず（あるいはこの研究ゆえに）、「ブリュックヴァルトが祝祭劇場の建設に実務的な建築家として起用されたのは確かだが、彼は本質的な点においてゼンパーの設計案を参照していた」と固く信じている人々が今でも多いのだ。しかし事実は正反対である。シュトローベルによれば、もしゼンパーが祝祭劇場の内部空間の施工に携わっていたならば、それは「今日バイロイトに見られるのとはまったく異なる劇場空間」と化していただろう。

本書は、ラングハンス（訳注：ブランデンブルク門の設計者として有名なカール・ゴットハルト・ラングハンスの息子で、やはり建築家だったカール・フェルディナント）と彼がライプツィヒで計画した劇場建築から始まり、やがてバイロイトに至るブリュックヴァルトの芸術家としての人生行路を解き明かしていく。彼がバイロイトで仕事を請け負った時点で、ゼンパーの設計案に目を通していなかったことは明白だ。つまり彼は、ゼンパーが解決できなかった問題を独力で克服したのだ。ワーグナーが一八七二年に、アルテンブルクの宮廷建築家として働いていた彼を起用したのには、立派な理由があるのである。形態と内容の一致を重視し、施工にあたっては建築物の機能性を大事にしたブリュックヴァルトがきわめて才能豊かな建築家だということは、すでに以前から証明されていたからだ。ゼンパーとは逆に、彼は舞台を起点として客席の拡がりを考え、古代劇場を模した客席部分の中心を舞台空間の中心と一致させたが、この点にブリュックヴァルトの手法の独自性が見られることを、シュトローベルは最終的に明らかにした。隠されたオーケストラピットや二重のプロセニアム・アーチといった着想が、完全にゼンパーとワーグナーに由来するのは確かだ。しかし、ミュンヘンの祝祭劇場設計案には、「劇中の出来事を、イリュージョンの力で増幅して伝える」可能性を暗示する要素は微塵も見られないのである。

かくして、ライプツィヒ生まれの建築家を扱った本書は、単なる名誉回復をもたらすものではなく、そのもっとも高名な作品によって、劇場建築にドイツだけにとどまらない革命的変化をもたらした一人の建築家を再評価することに成功している。その革命は、彼が意図的に「間に合わせの建築」として構想した外観ではなく、内部空間の心臓部でなしとげられたのである。

執筆者紹介（五十音順）

飯守泰次郎（いいもり・たいじろう）
桐朋学園大学音楽科卒。新国立劇場第六代オペラ芸術監督を務め、開場二〇周年記念特別シーズンを含む数々の公演を成功に導く。仙台フィルハーモニー管弦楽団常任指揮者、東京シティ・フィルハーモニック管弦楽団、及び関西フィルハーモニー管弦楽団桂冠名誉指揮者。サントリー音楽賞、毎日芸術賞等受賞。二〇一二年度文化功労者。日本芸術院会員。

池上純一（いけがみ・じゅんいち）
一九五〇年生まれ。埼玉大学名誉教授。専門分野：哲学、ドイツ思想史。訳書：デームリング『ベルリオーズとその時代』（西村書店）。共訳書：『ワーグナー著作集第一巻』（第三文明社）、『対訳シリーズ　パルジファル』『同　ニュルンベルクのマイスタージンガー』『同　ローエングリン』『同　タンホイザー』『同　さまよえるオランダ人』（白水社）、『コジマの日記』（東海大学出版部）他。

伊藤綾（いとう・あや）
一九七六年生まれ。鹿児島国際大学国際文化学部音楽学科准教授。著書：『Studien zur Metrik Beethovens』(Peter Lang Verlag)、共著：『ワーグナー事典』（東京書籍）、論文：「すべて移ろい行くものは——ワーグナーとシューマンの『ファウスト』受容」（『年刊ワーグナー・フォーラム二〇〇八』東海大学出版部）、「管弦楽法とドラマトゥルギー——ミヒャエル・ポルト『音色と管弦楽技法』の読解と補遺」（『年刊ワーグナー・フォーラム二〇一〇』東海大学出版部）など。

今尾滋（いまお・しげる）
一九六六年東京生まれ。早稲田大学法学部卒業後、東京藝術大学大学院博士課程を修了。ブダペスト国際声楽コンクールのファルスタッフ部門で二位。ヴェローナのテアトロ・フィラルモニコでレナート・ブルゾンのアンダースタディとして研鑽をつむ。二〇一〇年にテノールに転向。《ヴァルキューレ》のジークムントでデビューした後、《ジークフリート》《神々の黄昏》《ナブッコ》《フィデリオ》等の諸役を歌う。福島大学准教授（専門：声楽・オペラ）。サントリーホールオペラアカデミー・コーチングファカルティ。二期会会員。日本声楽家協会理事。

江口直光（えぐち・なおあき）
一九六四年生まれ。愛知文教大学教授。専門分野：ワーグナーとその受容の問題を中心としたドイツ芸術文化史。論文：Kandinskys Idee der Kunstsynthese und seine Wagner-Rezeption. 訳書：クリスティアン・マルティン・シュミット著『ヨハネス・ブラームスとその時代』（西村書店）。

上山典子（かみやま・のりこ）
静岡文化芸術大学准教授。東京芸術大学大学院修了、博士（音楽学）。専門分野：西洋音楽史。共著：『音楽表現学のフィールド2』（二〇一六）、論文：「オーケストラツィクルスとしてのリストの12

の交響詩」（『音楽学』二〇一一）、「フランツ・ブレンデルの『新ドイツ派』とその概念の変遷」（『音楽学』二〇一三）など。

小鍛冶邦隆（こかじ・くにたか）
東京芸術大学大学院を経て、パリ国立高等音楽院作曲科、ピアノ伴奏科でメシアン、ピュイグ＝ロジェに、またウィーン国立音楽大学指揮科でスウィトナーに学ぶ。クセナキス作曲コンクール（パリ）第一位、国際現代音楽協会（ISCM）「世界音楽の日々」に入選他。CDに《ドゥブル－レゾナンス》、銀色夏生の詩による《マドリガルI〜VI》（以上ALM records）他、著書に『作曲の技法　バッハからウェーベルンまで』、ベルリオーズ／R・シュトラウス『管弦楽法』監修（以上音楽之友社）、『作曲の思想　音楽・知のメモリア』、訳書にケルビーニ『対位法とフーガ講座』（以上アルテスパブリッシング）等がある。東京芸術大学作曲科教授、慶應義塾大学講師。

佐々木喜久（ささき・よしひさ）
一九三五年東京都生まれ。ジャーナリスト。成蹊大学卒、早稲田大学大学院を経て、読売新聞社入社。文化部記者、編集局編集委員、ニューヨーク特派員として論壇・クラシック音楽を約二五年担当。九五年退職後はフリー。読売新聞社社友。元尚美学園大学大学院客員教授、北アメリカ音楽批評家協会（MCANA）会員。著書『ニューヨーク音楽小景』（読売新聞社）、共著『小沢征爾＝水戸室内管弦楽団』（音楽之友社）。

佐野隆（さの・たかし）
一九六〇年生まれ。東京藝術大学教育研究助手。専門分野：音楽学（ルネサンス音楽、音楽理論）。論文：『Ut, Re, Mi の調性によるコンペールのシャンソン』（東京藝術大学音楽学部紀要第三六集）。共訳・解説論文：「ミクロログス（音楽小論）全訳と解説」（春秋社、二〇一八）。本誌編集委員。

杉谷恭一（すぎたに・きょういち）
一九四八年生まれ。熊本大学名誉教授。専門分野：ドイツ文学。共訳書：ワーグナー『オペラとドラマ』（第三文明社）、リーデル『ニーチェ思想の歪曲』（白水社）、ワーグナー『友人たちへの伝言』［「芸術と革命」単独訳、「友人たちへの伝言」共訳］（法政大学出版局）。論文など：「笑いと『神話的病理』――クンドリーの笑いに関する一考察」（『ワーグナー・ヤールブーフ 一九九七』東京書籍）、「解体から再創造へ――ゲルマン神話とワーグナー」（『年刊ワーグナー・フォーラム 二〇〇二』東海大学出版部）、「リヒャルト・ワーグナー『鳶色の本』抄訳」（『年刊 ワーグナー・フォーラム二〇〇四〜二〇一一』東海大学出版部）。本誌編集委員。

曽雌裕一（そし・ひろかず）
一九五六年生まれ。国立国会図書館勤務。一九九〇年代より、音楽情報誌『ぶらあぼ』『モーストリークラシック』などに海外公演情報を提供中。翻訳協力は、ベルント・W・ヴェスリング『アルマ・マーラー　華麗な生涯』石田一志・松田直美訳（音楽之友社、一九八九）など。

高橋宣也（たかはし・のぶや）
一九六三年生まれ。慶應義塾大学文学部教授。専門分野：近代イギリス文学。論文に「ワーグナーとイギリス――ヴィクトリア朝にたどるワーグナー受容と解釈の淵源」（寺倉正太郎編『ワーグナーの力』所収、青弓社）など。訳書にジョージ・バーナード・

ショー『完全なるワーグナー主義者』（新書館）、エリック・リーヴィー『モーツァルトとナチス——第三帝国による芸術の歪曲』（白水社）、エリック・ライディング＆レベッカ・ペチェフスキー『ブルーノ・ワルター——音楽に楽園を見た人』（音楽之友社）、『ヴァーグナー大事典』（共訳、平凡社）など。『研究社シェイクスピア辞典』（研究社出版）、『ワーグナー事典』（東京書籍）の項目執筆など。

東条碩夫（とうじょう・ひろお）
一九三九年生まれ、音楽評論家。エフエム東京で演奏会中継番組などクラシック音楽番組の制作全般に携わり、一九七五年文化庁芸術祭ラジオ部門大賞受賞番組（武満徹「カトレーン」委嘱）制作。著書・共著に「朝比奈隆ベートーヴェンの交響曲を語る」（音楽之友社）、「伝説のクラシック・ライヴ」（東京FM出版）、「ヘルベルト・フォン・カラヤン」（同）他。「モーストリー・クラシック」に「東条碩夫の音楽巡礼記」連載中。ブログ「東条碩夫のコンサート日記」を公開中。

フランク・ピオンテク（Frank Piontek）
一九六四年、ベルリン生まれ。フリー・ジャーナリスト。バイロイト在住。地元紙『ノルトバイエリッシャー・クリアー Nordbayerischer Kurier』の学芸欄に常時執筆し、ワーグナーに関する評論も多い。

ハンス＝ヨアヒム・ヒンリヒセン（Hans-Joachim Hinrichsen）
ベルリン自由大学でドイツ文学、歴史、音楽学を専攻し、一九九九年以来チューリヒ大学で音楽学の教授を務めている。主な研究分野は一八世紀から二〇世紀の音楽史、音楽受容史、音楽解釈研究、音楽美学史である。

松原良輔（まつばら・りょうすけ）
一九六四年生まれ。埼玉大学大学院人文社会科学研究科教授。専門分野：ドイツ文学・文化。共著：『ワーグナー事典』（東京書籍）。訳書：ミリントン、スペンサー編『ワーグナーの上演空間』（音楽之友社）。

森岡実穂（もりおか・みほ）
中央大学経済学部准教授。専門分野はオペラ表象分析、一九世紀イギリス小説、ジェンダー批評。中央大学学内誌『中央評論』で「今日も劇場へ？」を連載中。著書に『オペラハウスから世界を見る』（中央大学出版部）、論文に「シュテファン・ヘアハイム演出《蝶々夫人》におけるミュージアムの意味」（池田忍・小林緑編『ジェンダー史叢書第四巻　視覚表象と音楽』、明石書店、二〇一〇）「台本および最近の上演にみるベルリオーズ《トロイ人》の現代性」（中央大学人文科学研究所編『アップデートされる芸術——映画、オペラ、文学』、中央大学出版部、二〇一四）など。

吉田真（よしだ・まこと）
一九六一年生まれ。明治学院大学専任講師、慶應義塾大学兼任講師。専門分野：ドイツ文学、演劇、オペラ。著書：『作曲家・人と作品　ワーグナー』（音楽之友社）。共著書：『スタンダード・オペラ鑑賞ブック　ドイツ・オペラ』下巻（音楽之友社）、『ワーグナー事典』（東京書籍）他。共訳書：ハンス＝ヨアヒム・バウアー『ワーグナー王朝』（音楽之友社）他。監訳書：ブリギッテ・ハーマン『ヒトラーとバイロイト音楽祭』上下巻（アルファベータ）。

日付:12月3日（18:30）、10日（18:30）、19日（18:30）、31日（18:30）／会場：同
指揮:Constantin Trinks ／演出:Tatjana Gürbaca ／演奏:ウィーン放送交響楽団

◆カナダ
カナディアン・オペラ・カンパニー（Canadian Opera Company）（トロント）
日付：2月2日（18:00）、5日（14:00）、8日（18:00）、11日(18:00)、14日(18:00)、17日(18:00)、25日(14:30)／会場：フォア・シーズンズ・センター（Four Seasons Centre）
指揮：Johannes Debus ／演出：Tim Albery

舞台神聖祭典劇《パルジファル》

◆ドイツ

ブレーメン劇場（Theater Bremen）
日付:1月22日(15:30)、3月4日(15:30)、4月9日(15:30)、14日（15:30）、23日（15:30）／会場:アム・ゲーテプラッツ劇場（Theater am Goetheplatz）
指揮：Markus Poschner ／演出：Marco Štorman

ベルリン州立歌劇場（シラー劇場）（Staatsoper im Schiller Theater）
日付：4月8日（17:00）、14日（17:00）（両日ともフェストターゲ）／会場：同
指揮：Daniel Barenboim ／演出：Dmitri Tcherniakov

コーブルク州立劇場（Landestheater Coburg）＊新制作
日付:4月9日（16:00）、13日（17:00）、16日（16:00）、23日（16:00）、30日（16:00）、6月15日（17:00）、18日（16:00）、25日（16:00）
指揮：Roland Kluttig ／演出：Jakob Peters-Messer

マンハイム州立劇場（Nationaltheater Mannheim）
日付:4月9日（16:00）、14日（17:00）、6月4日（16:00）、15日（17:00）／会場：同
指揮：Alexander Soddy ／演出：Hans Schüler

ケムニッツ歌劇場（Theater Chemnitz）
日付：4月14日（16:00）、5月6日（16:00）／会場：同
指揮：Felix Bender ／演出（オリジナル）：John Dew ／演出（補訂）：Marcelo Buscaino

ライプツィヒ歌劇場（Oper Leipzig）
日付：4月14日（17:00）／会場：同
指揮：Ulf Schirmer ／演出：Roland Aeschlimann

ハンブルク州立歌劇場（Staatsoper Hamburg）＊新制作
日付:9月16日（16:00）、24日（17:00）、27日（17:00）、30日（17:00）、10月3日（16:00）／会場：同
指揮：Kent Nagano ／演出：Achim Freyer

◆オーストリア

ウィーン国立歌劇場（Wiener Staatsoper）＊新制作
日付:3月30日（17:30）、4月2日（16:30）、6日（17:30）、9日（16:30）、13日（17:30）、16日（16:30）／会場：同
指揮：Semyon Bychkov ／演出：Alvis Hermanis

◆ポーランド

ポズナン・スタニスワフ・モニューシュコ大劇場─ポズナン歌劇場（Teatr Wielki im. Stanislawa Moniuszki w Poznaniu - Opera Poznanska）
日付：4月9日（17:00）／会場：同
指揮：Gabriel Chmura ／演出：Kirsten Dehlholm

◆ハンガリー

ハンガリー国立歌劇場（Magyar Állami Operaház ／ Hungarian State Opera）（ブダペスト）
日付：4月14日（17:00）、17日（17:00）／会場：同
指揮：János Kovács ／演出：András Mikó

ワーグナー・イン・ブダペスト（Wagner in Budapest）＊ハーフ・ステージ形式
日付：6月8日（16:00）、21日（16:00）／会場：ベラ・バルトーク国立コンサート・ホール（Béla Bartók National Concert Hall）［ブダペスト芸術宮殿（Müpa Budapest）］
指揮：Adam Fischer ／演出：Magdolna Parditka ／演奏：ハンガリー放送交響楽団

◆ブルガリア

ソフィア国立オペラ・バレエ劇場（Sofia Opera and Ballet）＊新制作
日付：7月4日（18:00）、6日（18:00）、8日（18:00）、10日（18:00）／会場：同
指揮：Constantin Trinks ／演出：Plamen Kartaloff

◆オーストラリア

オペラ・オーストラリア（Opera Australia）＊演奏会形式
日付：8月9日（18:00）、12日（14:00）、14日（18:00）／会場：コンサート・ホール［シドニー・オペラハウス］（Concert Hall, Opera House, Sydney）（シドニー）
指揮：Pinchas Steinberg ／演出：Hugh Halliday

■その他の編曲作品■
◎ウィーンの「アン・デア・ウィーン劇場」では、ワーグナーの「ニーベルンクの指環」の登場人物の中から「ハーゲン」「ジークフリート」「ブリュンヒルデ」の3人に焦点を当てた3つの編曲・再構成作品が、2017年12月に「音楽劇ーリング三部作」として上演されました。これらの作品は、第三者が新たな楽曲や台本を加えたものではなく、あくまでワーグナーの原曲と台本を用いた編曲によっていることを踏まえ、例外的ではありますが、参考のため「その他の編曲作品」としてここにデータを掲載します。

音楽劇《ハーゲン》（リング三部作）

◆オーストリア

アン・デア・ウィーン劇場（Theater an der Wien）＊新制作
日付:12月1日（19:00）、7日（19:00）、17日（19:00）、29日（19:00）／会場：同
指揮:Constantin Trinks ／演出:Tatjana Gürbaca ／演奏:ウィーン放送交響楽団

音楽劇《ジークフリート》（リング三部作）

◆オーストリア

アン・デア・ウィーン劇場（Theater an der Wien）＊新制作
日付:12月2日（18:30）、9日（18:30）、18日（18:30）、30日（18:30）／会場：同
指揮:Constantin Trinks ／演出:Tatjana Gürbaca ／演奏:ウィーン放送交響楽団

音楽劇《ブリュンヒルデ》（リング三部作）

◆オーストリア

アン・デア・ウィーン劇場（Theater an der Wien）＊新制作

指揮：Justin Brown ／演出：Thorleifur Örn Arnarsson

◆オーストリア
ウィーン国立歌劇場（Wiener Staatsoper）
日付：5 月 7 日（17:00）、28 日（17:00）／会場：同
指揮：Peter Schneider ／演出：Sven-Eric Bechtolf

チロル音楽祭（Tiroler Festspiele Erl）（エルル）
日付：7 月 15 日（17:00）／会場：パシオーンシュピールハウス（Passionspielhaus）
指揮：Gustav Kuhn ／演出：Gustav Kuhn

◆スペイン
オビエド歌劇場（Ópera de Oviedo）＊新制作
日付：9 月 6 日（19:00）、9 日（19:00）、13 日（19:00）、16 日（19:00）／会場：テアトロ・カンポアモール（Teatro Campoamor）
指揮：Guillermo García Calvo ／演出：Carlos Wagner

◆スウェーデン
スウェーデン王立歌劇場（Kungliga Operan ／ Royal Swedish Opera）（ストックホルム）
日付：5 月 20 日（15:00）、27 日（15:00）／会場：同
指揮：Marko Letonja ／演出：Staffan Valdemar Holm

◆ロシア
マリインスキー劇場（Mariinsky Theatre）（サンクトペテルブルク）
日付：2 月 25 日（17:00）、10 月 21 日（17:00）／会場：マリインスキー劇場Ⅱ（第 2 劇場）
指揮：Valery Gergiev（2 月）、Michael Güttler（10 月）／演出（コンセプト）：Valery Gergiev、George Tsypin

◆ハンガリー
ハンガリー国立歌劇場（Magyar Állami Operaház ／ Hungarian State Opera）（ブダペスト）＊新制作
日付:3 月 19 日（17:00）、23 日（17:00）、26 日（17:00）、4 月 2 日（17:00）／会場：同
指揮：Péter Halász ／演出：Géza M. Tóth

ブダペスト・ワーグナー・デイズ（Budapest Wagner Days）
日付：6 月 17 日（16:00）／会場：ベラ・バルトーク国立コンサート･ホール（Béla Bartók National Concert Hall）［ブダペスト芸術宮殿（Müpa Budapest）］
指揮:Adam Fischer ／演出:Hartmut Schörghofer ／演奏:ハンガリー放送交響楽団

楽劇《神々の黄昏》

◆ドイツ
ライプツィヒ歌劇場（Oper Leipzig）
日付：3 月 26 日（17:00）、7 月 2 日（17:00）／会場：同
指揮：Ulf Schirmer ／演出：Rosamund Gilmore

ベルリン・ドイツ・オペラ（Deutsche Oper Berlin）
日付：4 月 9 日（16:00）、17 日（16:00）／会場：同
指揮：Donald Runnicles ／演出：Götz Friedrich

ヴィースバーデン州立劇場［ヘッセン州立劇場］（Hessisches Staatstheater）＊新制作
日付:4 月 23 日（17:00）、5 月 1 日（17:00）、28 日（17:00）、6 月 5 日（17:00）、9 月 24 日（17:00）、10 月 21 日（17:00）（国際 5 月フェスティヴァル（Internationale Maifestspiele）（5 月））／会場：同
指揮：Alexander Joel ／演出：Uwe Eric Laufenberg

ニュルンベルク州立劇場（Staatstheater Nürnberg）
日付：4 月 30 日（17:00）、5 月 14 日（17:00）、6 月 4 日（17:00）、18 日（16:00）／会場：同
指揮：Marcus Bosch ／演出：Georg Schmiedlietner

バーデン州立劇場（Badisches Staatstheater）（カールスルーエ）＊新制作
日付：10 月 15 日（16:00）、22 日（15:00）、11 月 5 日（15:00）、12 月 10 日（16:00）／会場：同
指揮：Justin Brown ／演出：Tobias Kratzer

ザクセン州立歌劇場（ゼンパーオーパー）（Sächsische Staatsoper）（ドレースデン）
日付:10 月 29 日（16:00）、11 月 1 日（17:00）、5 日（16:00）／会場：同
指揮：Christian Thielemann ／演出：Willy Decker

◆オーストリア
ウィーン国立歌劇場（Wiener Staatsoper）
日付：5 月 10 日（17:00）、6 月 5 日（16:00）／会場：同
指揮：Peter Schneider ／演出：Sven-Eric Bechtolf

チロル音楽祭（Tiroler Festspiele Erl）（エルル）
日付：7 月 16 日（17:00）／会場：パシオーンシュピールハウス（Passionspielhaus）
指揮：Gustav Kuhn ／演出：Gustav Kuhn

◆スウェーデン
スウェーデン王立歌劇場（Kungliga Operan ／ Royal Swedish Opera）（ストックホルム）
日付：5 月 22 日（17:00）、29 日（17:00）／会場：同
指揮：Marko Letonja ／演出：Staffan Valdemar Holm

◆ロシア
マリインスキー劇場（Mariinsky Theatre）（サンクトペテルブルク）
日付：2 月 26 日（17:00）、10 月 22 日（17:00）／会場：マリインスキー劇場Ⅱ（第 2 劇場）
指揮：Valery Gergiev（2 月）、Michael Güttler（10 月）／演出（コンセプト）：Valery Gergiev、George Tsypin

◆ハンガリー
ブダペスト・ワーグナー・デイズ（Budapest Wagner Days）
日付：6 月 18 日（16:00）／会場：ベラ・バルトーク国立コンサート･ホール（Béla Bartók National Concert Hall）［ブダペスト芸術宮殿（Müpa Budapest）］
指揮:Adam Fischer ／演出:Hartmut Schörghofer ／演奏:ハンガリー放送交響楽団

◆アメリカ
ヒューストン・グランド・オペラ（Houston Grand Opera）
日付:4 月 22 日（18:00）、25 日（18:00）、29 日（18:00）、5 月 4 日（18:00）、7 日（14:00）／会場：ブラウン・シアター［ヴォータム・シアター・センター］（Brown Theater, Wortham Theater Center）
指揮：Patrick Summers ／演出：Carlus Padrissa

日付：4月8日（17:00）、17日（17:00）／会場：祝祭大劇場（Großes Festspielhaus）
指揮：Christian Thielemann ／演出：Vera Nemirova ／演奏：シュターツカペレ・ドレースデン
備考：ザルツブルク復活祭音楽祭50周年記念公演。1967年当時のヘルベルト・フォン・カラヤン演出による「ヴァルキューレ」で舞台美術を担当したGünther Schneider-Siemssenが舞台美術を再構築し、同演出に基づいてVera Nemirovaが校訂演出を施したプロダクション。

ウィーン国立歌劇場（Wiener Staatsoper）
日付：5月1日（17:00）、21日（17:00）／会場：同
指揮：Peter Schneider ／演出：Sven-Eric Bechtolf

チロル音楽祭（Tiroler Festspiele Erl）（エルル）
日付：7月14日（17:00）／会場：パシオーンシュピールハウス（Passionspielhaus）
指揮：Gustav Kuhn ／演出：Gustav Kuhn

◆イギリス
グレインジ・パーク・オペラ（Grange Park Opera）（ノースイントン）
日付：6月29日、7月1日、5日、9日、12日、15日／会場：シアター・イン・ザ・ウッズ［ウェスト・ホースリー・プレイス］（The Theatre in the Woods, West Horsley Place）
指揮：Stephen Barlow ／演出：Stephen Medcalf

エディンバラ国際フェスティヴァル（Edinburgh International Festival）＊演奏会形式
日付：8月6日（17:00）／会場：アッシャー・ホール（Usher Hall）
指揮：Andrew Davis ／演奏：ロイヤル・スコティッシュ・ナショナル管弦楽団

◆デンマーク
デン・ニー歌劇場（Den Ny Opera）（Esbjerg ／エスビャウ）
日付：8月25日（17:00）、27日（15:00）、29日（17:00）／会場：エスビャウ・ミュージックホール（Musikhuset Esbjerg）
指揮：Lars Ole Mathiasen ／演出：Kasper Wilton

◆スウェーデン
スウェーデン王立歌劇場（Kungliga Operan ／ Royal Swedish Opera）（ストックホルム）
日付：5月18日（18:00）、25日（18:00）／会場：同
指揮：Marko Letonja ／演出：Staffan Valdemar Holm

◆ロシア
マリインスキー劇場（Mariinsky Theatre）（サンクトペテルブルク）
日付：2月23日（18:00）、10月20日（17:00）／会場：マリインスキー劇場Ⅱ（第2劇場）
指揮：Valery Gergiev（2月）、Michael Güttler（10月）／演出（コンセプト）：Valery Gergiev、George Tsypin

◆ハンガリー
ブダペスト・ワーグナー・デイズ（Budapest Wagner Days）
日付：6月16日（16:00）／会場：ベラ・バルトーク国立コンサート・ホール（Béla Bartók National Concert Hall）［ブダペスト芸術宮殿（Müpa Budapest）］
指揮：Adam Fischer ／演出：Hartmut Schörghofer ／演奏：ハンガリー放送交響楽団

◆アメリカ
シカゴ・リリック・オペラ（Lyric Opera of Chicago）
日付：11月1日（17:30）、5日（13:00）、10日（17:30）、14日（17:30）、18日（17:30）、26日（13:00）、30日（17:30）／会場：同
指揮：Andrew Davis ／演出：David Pountney

◆中国
北京音楽祭（Beijing Music Festival）
日付：10月24日（18:30）、27日（18:30）／会場：保利劇院（Poly Theater）
指揮：Jaap van Zweden ／演出：Vera Nemirova ／演奏：香港フィルハーモニー管弦楽団
備考：ザルツブルク復活祭音楽祭との共同制作。同音楽祭50周年記念として再製作された1967年当時のヘルベルト・フォン・カラヤン演出に基づく「ヴァルキューレ」と同じプロダクション。当時、舞台美術を担当したGünther Schneider-Siemssenが舞台美術を再構築し、カラヤン演出に基づいてVera Nemirovaが校訂演出を施したもの。

楽劇《ジークフリート》

◆ドイツ
ザクセン州立歌劇場（ゼンパーオーパー）（Sächsische Staatsoper）（ドレースデン）
日付：1月22日（16:00）、26日（17:30）、29日（16:00）／会場：同
指揮：Christian Thielemann ／演出：Willy Decker

キール劇場（Theater Kiel）＊新制作
日付：3月11日（17:00）、25日（17:00）、4月9日（16:00）、16日（17:00）、5月25日（17:00）、6月3日（17:00）、30日（17:00）／会場：同
指揮：Georg Fritzsch ／演出：Daniel Krasek

ライプツィヒ歌劇場（Oper Leipzig）
日付：3月12日（15:00）、25日（17:00）、7月1日（17:00）／会場：同
指揮：Ulf Schirmer ／演出：Rosamund Gilmore

ヴィースバーデン州立劇場［ヘッセン州立劇場］（Hessisches Staatstheater）＊新制作
日付：4月2日（17:00）、9日（17:00）、16日（17:00）、29日（17:00）、5月26日（17:00）（国際5月フェスティヴァル（Internationale Maifestspiele）（4月29日、5月））／会場：同
指揮：Alexander Joel ／演出：Uwe Eric Laufenberg

ベルリン・ドイツ・オペラ（Deutsche Oper Berlin）
日付：4月5日（17:00）、15日（17:00）／会場：同
指揮：Donald Runnicles ／演出：Götz Friedrich

ニュルンベルク州立劇場（Staatstheater Nürnberg）
日付：4月9日（17:00）、16日（15:30）、5月28日（17:00）、6月15日（16:00）／会場：同
指揮：Marcus Bosch ／演出：Georg Schmiedlietner

バーデン州立劇場（Badisches Staatstheater）（カールスルーエ）＊新制作
日付：6月10日（17:00）、26日（16:00）、7月2日（16:00）、12月3日（16:00）／会場：同

ベルリン・ドイツ・オペラ（Deutsche Oper Berlin）
日付：4月1日（19:30）、13日（19:30）／会場：同
指揮：Donald Runnicles／演出：Götz Friedrich

ヴィースバーデン州立劇場［ヘッセン州立劇場］（Hessisches Staatstheater）＊新制作
日付：4月13日（19:30）、26日（19:30）、5月23日（19:30）（国際5月フェスティヴァル（Internationale Maifestspiele）（4月26日、5月））／会場：同
指揮：Alexander Joel／演出：Uwe Eric Laufenberg

バーデン＝バーデン祝祭劇場（Festspielhaus Baden-Baden）＊演奏会形式
日付：6月3日（18:00）／会場：同
指揮：Marek Janowski／演奏：NDR エルプフィルハーモニー管弦楽団
備考：Thomas Hengelbrock が病気休演のため、Marek Janowski が代役として指揮。

ライン・ドイツ・オペラ（Deutsche Oper am Rhein）＊新制作
日付:6月23日（19:30）、25日（18:30）、29日（19:30）、7月2日（18:30）、12日（19:30）、14日（19:30）、16日（15:00）、11月4日（19:30）、9日（19:30）、24日（19:30）、12月3日（15:00）、16日（19:30）、21日（19:30）／会場：デュッセルドルフ歌劇場（Opernhaus Düsseldorf）（6月、7月）、デュースブルク歌劇場（Theater Duisburg）（11月、12月）
指揮：Axel Kober／演出：Dietrich W. Hilsdorf

◆オーストリア
ウィーン国立歌劇場（Wiener Staatsoper）
日付：4月30日（19:00）、5月20日（19:00）／会場：同
指揮：Peter Schneider／演出：Sven-Eric Bechtolf

チロル音楽祭（Tiroler Festspiele Erl）（エルル）
日付：7月13日（19:00）／会場：パシオーンシュピールハウス（Passionspielhaus）
指揮：Gustav Kuhn／演出：Gustav Kuhn

◆スウェーデン
スウェーデン王立歌劇場（Kungliga Operan／Royal Swedish Opera）（ストックホルム）
日付：5月17日（19:00）、24日（19:00）／会場：同
指揮：Marko Letonja／演出：Staffan Valdemar Holm

◆スロヴェニア
スロヴェニア国立劇場（Slovene National Theatre Maribor）（マリボル）＊新制作
日付:1月27日（19:30）、29日（17:00）、31日（19:30）、2月2日（19:30）、4日（19:30）／会場：
指揮：Simon Krečič／演出：Igor Pison

◆ロシア
マリインスキー劇場（Mariinsky Theatre）（サンクトペテルブルク）
日付：2月22日（19:00）、10月19日（19:00）／会場：マリインスキー劇場Ⅱ（第2劇場）
指揮：Valery Gergiev（2月）、Michael Güttler（10月）／演出（コンセプト）：Valery Gergiev、George Tsypin

◆ハンガリー
ブダペスト・ワーグナー・デイズ（Budapest Wagner Days）
日付：6月15日（18:00）／会場：ベラ・バルトーク国立コンサート・ホール（Béla Bartók National Concert Hall）［ブダペスト芸術宮殿（Müpa Budapest）］
指揮：Adam Fischer／演出：Hartmut Schörghofer／演奏：ハンガリー放送交響楽団

◆アメリカ
タングルウッド音楽祭（Tanglewood Music Festival）＊演奏会形式
日付：7月15日（20:00）／会場：クーセヴィツキー・ミュージック・シェッド（Koussevitzky Music Shed）（レノックス、マサチューセッツ州）
指揮：Andris Nelsons／演奏：ボストン交響楽団

楽劇《ヴァルキューレ》

◆ドイツ
バーデン州立劇場（Badisches Staatstheater）（カールスルーエ）
日付:1月6日（17:00）、2月11日（16:00）、3月4日（17:00）、4月15日（17:00）／会場：同
指揮：Justin Brown／演出：Yuval Sharon

ライプツィヒ歌劇場（Oper Leipzig）
日付：1月8日（16:00）、6月29日（17:00）／会場：同
指揮：Ulf Schirmer／演出：Rosamund Gilmore

ヴィースバーデン州立劇場［ヘッセン州立劇場］（Hessisches Staatstheater）＊新制作
日付:1月15日（17:00）、22日（17:00）、29日（17:00）、2月10日（17:00）、3月18日（17:00）、4月14日（17:00）、27日（17:00）、5月24日（17:00）（国際5月フェスティヴァル（Internationale Maifestspiele）（4月27日、5月））／会場：同
指揮：Alexander Joel／演出：Uwe Eric Laufenberg

ニュルンベルク州立劇場（Staatstheater Nürnberg）
日付:3月19日（17:00）、26日（17:00）、5月25日（17:00）、6月11日（16:00）／会場：同
指揮：Marcus Bosch／演出：Georg Schmiedlietner

ベルリン・ドイツ・オペラ（Deutsche Oper Berlin）
日付：4月2日（17:00）、14日（17:00）／会場：同
指揮：Donald Runnicles／演出：Götz Friedrich

キール劇場（Theater Kiel）
日付：5月14日（17:00）、6月28日（18:00）／会場：同
指揮：Georg Fritzsch／演出：Daniel Krasek

オルデンブルク州立劇場（Oldenburgisches Staatstheater）＊新制作
日付:9月9日（17:00）、16日（17:00）、10月1日（17:00）、8日（17:00）、22日（17:00）、28日（17:00）、11月19日（17:00）／会場：同
指揮：Hendrik Vestmann／演出：Paul Esterházy

◆オーストリア
ザルツブルク復活祭音楽祭（Osterfestspiele Salzburg）＊新制作

◆スペイン
リセウ大劇場（Gran Teatre del Liceu）（バルセロナ）
日付：11月28日（19:00）、12月2日（19:00）、4日（19:00）、7日（19:00）、10日（17:00）、12日（19:00）、15日（19:00）／会場：同
指揮：Josep Pons／演出：Àlex Ollé

◆ポルトガル
サン・カルルシュ国立劇場（Teato Nacional de São Carlos）（リスボン）＊新制作
日付：3月9日（18:00）、12日（15:00）／会場：グランデ・アウディトリオ［ベレム文化センター］（Centro Cultural de Belém, Grande Auditório）
指揮：Graeme Jenkins／演出：Charles Edwards

◆フランス
リヨン歌劇場（Opera de Lyon）
日付：3月18日（18:30）、21日（18:30）、25日（18:30）、28日（18:30）、4月2日（15:00）、5日（18:30）／会場：同
指揮：Hartmut Haenchen／演出：Heiner Müller

◆イギリス
ロングバラ・フェスティヴァル（Longborough Festival Opera）
日付：6月8日（15:00）、10日（15:00）、12日（15:00）、14日（15:00）／会場：ロングバラ・オペラハウス（Opera House, Longborough）
指揮：Anthony Negus／演出：Carmen Jakobi

◆ロシア
コロボフ・ノヴァヤ歌劇場（The Kolobov Novaya Opera Theatre）（モスクワ）
日付：3月26日（18:00）、12月16日（18:00）／会場：同
指揮：Jan Latham-Koenig、Vasily Valitov／演出：Nicola Raab

◆アメリカ
オペラ・サンアントニオ（Opera San Antonio）（サンアントニオ、テキサス州）
日付：2月16日（20:00）、18日（20:00）／会場：カルロス・アルヴァレス・スタジオ・シアター［トービン・センター］（Carlos Alvarez Studio Theater, The Tobin Center）
指揮：Gemma New／演出：Ray Santisteban／演奏：サンアントニオ室内管弦楽団
備考：Jean-Pierre Arnaudによる室内オーケストラ、ソプラノ独唱と語りのための編曲版

◆中国
国家大劇院（National Centre for the Performing Arts）（北京）
日付：8月23日（17:30）、25日（17:30）、27日（17:30）、29日（17:30）／会場：国家大劇院オペラハウス
指揮：Shao-Chia Lü／演出：Mariusz Treliński

楽劇《ニュルンベルクのマイスタージンガー》

◆ドイツ
ヴァイマル・ドイツ国民劇場（Deutsches Nationaltheater und Staatskapelle Weimar）日付：1月7日（17:00）／会場：同
指揮：Kirill Karabits／演出：Vera Nemirova

デトモルト州立劇場（Landestheater Detmold）
日付：2月11日（16:00）、5月20日（16:00）／会場：同
指揮：Lutz Rademacher／演出：Kay Metzger

ケムニッツ歌劇場（Theater Chemnitz）
日付：4月1日（16:00）、16日（15:00）、5月1日（15:00）／会場：同
指揮：Guillermo García Calvo／演出：Michael Heinicke

マイニンゲン州立劇場（Meininger Staatstheater）
日付：4月7日（17:00）、16日（17:00）、22日（17:00）、5月6日（17:00）、6月11日（18:30）／会場：マイニンゲン宮廷劇場（Meiningen Court Theatre）
指揮：Philippe Bach（4月、5月）、Chin-Chao Lin（6月）／演出：Ansgar Haag

◆イタリア
ミラノ・スカラ座（Teatro alla Scala）＊新制作
日付：3月16日（18:00）、19日（15:00）、23日（18:00）、26日（15:00）、30日（18:00）、4月2日（18:00）、5日（18:00）／会場：同
指揮：Daniele Gatti／演出：Harry Kupfer

◆イギリス
英国ロイヤル・オペラ（Royal Opera House）（ロンドン）＊新制作
日付：3月11日（16:00）、15日（16:30）、19日（15:00）、22日（16:30）、25日（16:00）、28日（16:30）、31日（16:30）／会場：同
指揮：Antonio Pappano／演出：Kasper Holten

楽劇《ラインの黄金》

◆ドイツ
ライプツィヒ歌劇場（Oper Leipzig）
日付：1月7日（19:00）、6月28日（17:00）／会場：同
指揮：Ulf Schirmer／演出：Rosamund Gilmore

オルデンブルク州立劇場（Oldenburgisches Staatstheater）
日付：2月4日（19:30）、15日（19:30）、25日（19:30）、3月4日（19:30）、10日（19:30）、19日（19:30）、30日（19:30）、4月8日（19:30）、24日（19:30）／会場：同
指揮：Hendrik Vestmann／演出：Paul Esterházy

ニュルンベルク州立劇場（Staatstheater Nürnberg）
日付：3月4日（19:30）、12日（19:00）、5月23日（19:30）、6月7日（19:30）／会場：同
指揮：Marcus Bosch／演出：Georg Schmiedlietner

キール劇場（Theater Kiel）
日付：3月24日（19:30）、5月13日（19:30）、6月27日（19:30）／会場：同
指揮：Georg Fritzsch／演出：Daniel Krasek

バーデン州立劇場（Badisches Staatstheater）（カールスルーエ）
日付：3月28日（20:00）、4月14日（19:00）、22日（15:00）、5月7日（15:00）／会場：同
指揮：Justin Brown／演出：David Hermann

クレーフェルト／メンヒェングラートバッハ劇場（Theater Krefeld und Mönchengladbach）＊新制作
日付:4月15日（17:00）、22日（17:00）、5月7日（17:00）、20日（17:00）、6月25日（17:00）、7月2日（17:00）／会場：クレーフェルト劇場（Theater Krefeld）
指揮：Mihkel Kütson／演出：Robert Lehmeier

◆オーストリア
チロル音楽祭（Tiroler Festspiele Erl）（エルル）
日付：7月8日（18:00）、29日（18:00）／会場：パシオーンシュピールハウス（Passionspielhaus）
指揮：Gustav Kuhn／演出：Gustav Kuhn

◆スイス
ザンクト・ガレン劇場（Theater St Gallen）＊新制作
日付：1月7日（18:00）／会場：同
指揮：Otto Tausk／演出：Vincent Boussard

チューリヒ歌劇場（Opernhaus Zürich）
日付：7月4日（18:00）、8日（18:00）、12日（18:00）、16日（8:00）／会場：同
指揮：Fabio Luisi／演出：Andreas Homoki

◆ギリシア
ギリシア国立歌劇場（Greek National Opera）（アテネ）
日付:1月27日（18:30）、29日（18:30）、2月1日（18:30）、3日（18:30）、5日（18:30）／会場：アテネ・コンサート・ホール［メガロン］（Athens Concert Hall, Megaron）
指揮：Myron Michailidis／演出：Antony McDonald

◆フランス
パリ・オペラ座（Opera National de Paris）＊新制作
日付:1月18日（19:00）、21日（19:00）、24日（19:00）、27日（19:00）、30日（19:00）、2月2日（19:00）、5日（14:00）、8日（19:00）、11日（19:00）、15日（19:00）、18日（19:00）／会場：バスティーユ・オペラ
指揮：Philippe Jordan／演出：Claus Guth

サンテティエンヌ歌劇場（Opéra de Saint-Étienne）＊新制作
日付：6月9日（19:00）、11日（15:00）、13日（19:00）／会場：同
指揮：Daniel Kawka／演出：Louis Désiré

◆ロシア
マリインスキー劇場（Mariinsky Theatre）（サンクトペテルブルク）
日付：3月4日（18:00）、7月14日（19:00）／会場：マリインスキー劇場Ⅱ（第2劇場）
指揮：Mikhail Sinkevich（3月）、Michael Güttler（7月）／演出（再演）：Marina Mishuk、Alexander Maskalin

コロボフ・ノヴァヤ歌劇場（The Kolobov Novaya Opera Theatre）（モスクワ）
日付：11月11日（18:00）／会場：同
指揮：Valery Kritskov／演出：Kasper Holten

◆チェコ
プラハ国民劇場（Národní Divadlo）＊新制作
日付:6月8日（18:00）、10日（18:00）、14日（18:00）、17日（18:00）、9月2日（18:00）、10日（16:00）、23日（16:00）／会場：同
指揮：Constantin Trinks／演出（オリジナル）：Wolfgang Wagner、（再演）Katharina Wagner
備考：1967年バイロイト音楽祭での Wolfgang Wagner 演出に基づく。

◆オーストラリア
メルボルン・オペラ（Melbourne Opera）
日付:8月7日（19:00）、10日（19:00）、12日（19:00）、19日（19:00）／会場：リージェント・シアター（Regent Theatre）（メルボルン）（7日、10日、12日）、ロバート・ブラックウッド・ホール［モナシュ大学］（Robert Blackwood Hall, Monash University）（クレイトン）（19日）
指揮：David Kram、Greg Hocking／演出：Suzanne Chaundy

楽劇《トリスタンとイゾルデ》

◆ドイツ
アールト音楽劇場［エッセン歌劇場］（Aalto Musiktheater）
日付:2月25日（18:00）、3月5日（16:30）、18日（18:00）／会場：同
指揮：Frank Beermann／演出：Barrie Kosky

ゲルゼンキルヒェン音楽劇場（Musiktheater im Revier Gelsenkirchen）＊新制作
日付:3月4日（17:00）、12日（16:00）、19日（16:00）、26日（16:00）、4月8日（17:00）、5月7日（16:00）、13日（17:00）、6月4日（16:00）／会場：同
指揮：Rasmaus Baumann／演出：Michael Schulz

バイエルン州立歌劇場（Bayerische Staatsoper）（ミュンヘン）
日付:4月13日（16:00）、17日（16:00）、21日（16:00）／会場：ナツィオナールテアーター（Nationaltheater）
指揮：Simone Young／演出：Peter Konwitschny

ニーダーバイエルン州立劇場（Landestheater Niederbayern）＊新制作
日付:5月14日（16:00）、21日（16:00）、25日（16:00）／会場：テアターツェルト（ラントシュート）（Theaterzelt, Landshut）
指揮：Basil H. E. Coleman／演出：Stefan Tilch

◆オーストリア
ウィーン国立歌劇場（Wiener Staatsoper）
日付:3月12日（17:00）、15日（17:00）、19日（16:30）／会場：同
指揮：Mikko Franck／演出：David McVicar

◆イタリア
トリエステ・ヴェルディ劇場（Teatro Verdi Trieste）＊新制作
日付：4月7日（19:00）、9日（15:00）、11日（19:00）、12日（19:00）、14日（19:00）、15日（15:00）／会場：同
指揮：Christopher Franklin／演出：Guglielmo Ferro

トリノ王立歌劇場（Teatro Regio Torino）
日付:10月10日（19:00）、11日（19:00）、14日（19:00）、15日（15:00）、17日（19:00）、19日（19:00）、22日（15:00）／会場：テアトロ・レッジョ（Teatro Regio）
指揮：Gianandrea Noseda／演出：Claus Guth

ル）／会場：ナツィオナールテアーター（Nationaltheater）
指揮：Kirill Petrenko ／演出：Romeo Castellucci
備考：2017年9月の同歌劇場来日公演における上演演目

ザールラント州立劇場（Saarländisches Staatstheater）（ザールブリュッケン）＊新制作
日付：6月4日（18:00）、10日（17:00）、15日（17:00）、23日（18:00）、30日（18:00）／会場：同
指揮：Nicholas Milton ／演出：Johannes Erath

ケルン歌劇場（Oper Köln）
日付：9月24日（19:00）、30日（18:30）、10月6日（18:30）、8日（16:00）、12日（18:30）、14日（18:30）、22日（16:00）、28日（18:30）、11月1日（18:00）／会場：シュターテンハウス・ザール1（Staatenhaus Saal 1）
指揮：François-Xavier Roth（9月、10月8日、12日、14日、22日、28日、11月）、Gabriel Feltz（10月6日）／演出：Patrick Kinmonth

ヴィースバーデン州立劇場［ヘッセン州立劇場］（Hessisches Staatstheater）＊新制作
日付：11月19日（16:00）、24日（18:00）、12月3日（18:00）、17日（17:00）／会場：同
指揮：Patorick Lange ／演出：Uwe Eric Laufenberg

◆スイス
ベルン歌劇場（Konzert Theater Bern）＊新制作
日付：3月25日（18:00）、4月1日（18:00）、5日（18:00）、8日（18:00）、11日（18:00）、23日（18:00）、27日（18:00）、30日（18:00）／会場：ベルン市立劇場（Stadttheater Bern）
指揮：Kevin John Edusei ／演出：Calixto Bieito

◆イタリア
フェニーチェ歌劇場（Teatro La Fenice）（ヴェネツィア）
日付：1月20日（18:00）、24日（18:00）、28日（15:30）、2月1日（18:00）、5日（15:30）／会場：同
指揮：Omer Meir Wellber ／演出：Calixto Bieito

◆モンテカルロ
モンテカルロ歌劇場（Opéra de Monte-Carlo）＊新制作
日付：2月19日（15:00）、22日（20:00）、25日（20:00）、28日（20:00）／会場：サル・ガルニエ（Salle Garnier）
指揮：Nathalie Stutzmann ／演出：Jean-Louis Grinda

◆エストニア
エストニア国立歌劇場（Rahvusooper Estonia ／ Estonian National Opera）（タリン）
日付：3月31日（19:00）、4月2日（19:00）、30日（19:00）、11月9日（19:00）、11日（19:00）／会場：同
指揮：Vello Pähn、Jüri Alperten ／演出：Daniel Slater

◆ラトヴィア
ラトヴィア国立歌劇場（Latvijas Nacionālā Opera ／ Latvian National Opera）（リガ）
日付：5月23日（18:00）、24日（18:00）、6月10日（18:00）、15日（18:00）、10月4日（18:00）、12月20日（18:00）／会場：同
指揮：Mārtiņš Ozoliņš、Aleksandrs Viļumanis、Andris Veismanis ／演出：Vilppu Kiljunen

◆ロシア
スタニスラフスキー＆ネミロビッチ＝ダンチェンコ記念アカデミー劇場（Stanislavsky and Nemirovich-Danchenko Academic Music Theatre）（モスクワ）
日付：1月25日（18:30）、6月14日（18:30）／会場：同
指揮：Fabrice Bollon、Anton Grishanin ／演出：Andrejs Žagars

◆ウクライナ
オデッサ国立アカデミー歌劇場（Opera National Academic Opera and Ballet Theater）＊ショート・ステージ版
日付：9月14日（18:30）／会場：同
指揮：Alexandru Samoilă

◆ポーランド
クラクフ歌劇場（Opera Krakowska）
日付：3月17日（18:30）、19日（18:30）、11月17日（18:30）、19日（18:30）／会場：同
指揮：Tomasz Tokarczyk ／演出：Laco Adamik

オペラ・ナ・ザムク（シュチェチン城オペラ）（Opera na Zamku）（シュチェチン）
日付：3月31日（18:00）、4月2日（18:00）、8日（18:00）／会場：同
指揮：Golo Berg ／演出：Hoerst Kupich
備考：フォアポンメルン劇場（Theater Vorpommern）（シュトラールズント／ドイツ）の客演公演

◆ルーマニア
ルーマニア国立歌劇場（Opera Naţională Română）（クルージュ＝ナポカ）
日付：4月2日（18:30）、10日（18:30）
指揮：József Horváth ／演出：Mihaela Bogdan

◆ブラジル
アマゾナス・オペラ・フェスティヴァル（Festival Amazonas de Ópera）
日付：5月14日（19:00）、17日（20:00）、20日（19:00）／会場：テアトロ・アマゾナス（Teatro Amazonas）（マナウス）
指揮：Otávio Simões ／演出：Caetano Pimentel

歌劇《ローエングリン》

◆ドイツ
アールト音楽劇場［エッセン歌劇場］（Aalto Musiktheater）
日付：1月7日（18:00）、11日（18:00）、3月26日（16:30）、4月1日（18:00）／会場：同
指揮：Tomáš Netopil ／演出：Tatjana Gürbaca

マンハイム州立劇場（Nationaltheater Mannheim）
日付：1月28日（18:00）、2月11日（18:00）、18日（18:00）、3月12日（18:00）、4月17日（18:00）／会場：同
指揮：Alexander Soddy ／演出：Tilman Knabe

ベルリン・ドイツ・オペラ（Deutsche Oper Berlin）
日付：2月2日（18:00）、5日（16:00）、9月10日（18:00）、16日（18:00）、11月9日（18:00）、12日（17:00）、12月17日（17:00）／会場：同
指揮：Donald Runnicles（2月、9月、11月）、Axel Kober（12月）／演出：Kasper Holten

◆ロシア
マリインスキー劇場（Mariinsky Theatre）（サンクトペテルブルク）
日付：1月17日（19:00）、11月28日（19:00）／会場：マリインスキー劇場Ⅱ（第2劇場）
指揮：Valery Gergiev（1月）、Michael Güttler（11月）／演出：Ian Judge

エカテリンブルク歌劇場（Ekaterinburg Opera House）
日付：1月20日（18:30）、5月27日（18:00）、6月15日（18:30）、9月19日（18:30）、11月28日（18:30）、12月12日（18:30）／会場：同
指揮：Oliver von Dohnányi／演出：Paul Curran

国立ブリヤートオペラ・バレエ劇場（Buryat Academic Opera and Ballet Theatre）（ウラン・ウデ（Ulan-Ude））
日付：2月11日／会場：同
指揮：Fiodor Kalinin

ミハイロフスキー劇場（Mikhailovsky Theatre）（サンクトペテルブルク）
日付：2月28日（19:00）、11月21日（19:00）／会場：同
指揮：Mikhail Tatarnikov／演出：Vasily Barkhatov

◆ベラルーシ
ベラルーシ共和国国立アカデミー・ボリショイ歌劇場（National Academic Bolshoi Opera and Ballet Theatre of the Republic ob Belarus）（ミンスク）
日付：2月4日（19:00）、5月18日（19:00）、9月21日（19:00）、11月16日（19:00）／会場：同
指揮：Manfred Mayrhofer／演出：Hans-Joachim Frey

◆ポーランド
ウッチ大劇場（Teatr Wielki Łódź）（ウッチ）＊新制作
日付：3月3日（18:30）、5日（17:00）／会場：テアトル・ヴィエルキ（Teatr Wielki）
指揮：Wojciech Rodek／演出：Herbert Adler

◆ハンガリー
ミシュコルツ国立劇場（Miskolci Nemzeti Színház／Miskolc National Theatre）（ミシュコルツ）
日付：1月19日、20日、25日、26日、2月2日、4日、3月2日、28日、31日／会場：同
指揮：Peter Gyülvészi／演出：Máté Szabó

◆ブルガリア
ルセ国立歌劇場（State Opera Rousse）（ルセ）＊演奏会形式
日付：6月9日（19:00）、9月18日（19:00）／会場：同
指揮：Niels Borksand（6月）、Nicholas McRoberts（9月）

◆アメリカ
メトロポリタン歌劇場（The Metropolitan Opera）＊新制作
日付：4月25日（19:30）、29日（13:00）、5月4日（20:00）、8日（19:30）、12日（19:30）／会場：同
指揮：Yannick Nézet-Séguin／演出：August Everding

アトランタ・オペラ（The Atlanta Opera）＊新制作
日付：11月4日（20:00）、7日（19:30）、10日（20:00）、12日（15:00）／会場：コブ・エナジー・パーフォーミング・センター（Cobb Energy Performing Arts Centre）
指揮：Arthur Fagen／演出：Tomer Zvulun

◆南アフリカ
ケープタウン・オペラ（Cape Town Opera）＊新制作
日付：8月17日、19日、23日、26日／会場：アート・スケープ・オペラ・ハウス（Artscape Opera House）
指揮：Tim Murray／演出：Matthew Wild

◆韓国
大邱（テグ）歌劇場（Daegu Opera House）＊演奏会形式
日付：10月17日（19:30）／会場：同
指揮：Markus Lukas Frank
備考：The 15th DIOF Opera concertante

歌劇《タンホイザー》

◆ドイツ
フォアポンメルン劇場（Theater Vorpommern）（シュトラールズント）
日付：1月21日（18:00）、27日（18:00）、3月26日（18:00）、4月13日（18:00）、5月7日（18:00）／会場：シュトラールズント劇場（Großes Haus, Stralsund）（1月21日、5月）、グライフスヴァルト劇場（Theater Greifswald）（1月27日、3月、4月）
指揮：Golo Berg／演出：Hoerst Kupich

ベルリン・ドイツ・オペラ（Deutsche Oper Berlin）
日付：1月27日（18:30）、2月12日（17:00）、3月12日（17:00）、18日（18:00）、11月11日（18:30）、19日（17:00）、12月2日（18:00）／会場：同
指揮：Donald Runnicles（1月、2月、3月）、Michael Boder（12月）／演出：Kirsten Harms

ケムニッツ歌劇場（Theater Chemnitz）
日付：1月28日（18:00）、2月26日（16:00）、4月15日（16:00）／会場：同
指揮：Felix Bender、Gerrit Prießnitz／演出：Michael Heinicke

ベルリン州立歌劇場（シラー劇場）（Staatsoper im Schiller Theater）
日付：2月26日（17:00）、3月5日（17:00）、19日（17:00）／会場：同
指揮：Simone Young／演出：Sasha Waltz

マイニンゲン州立劇場（Meininger Staatstheater）＊ハーフ・ステージ形式
日付：4月14日（18:30）、5月26日（18:30）、6月3日（18:30）／会場：フェストザール［ヴァルトブルク］（Festsaal, Wartburg）（アイゼナハ）
指揮：Philippe Bach／演出：Ansgar Haag

ダルムシュタット州立劇場（Staatstheater Darmstadt）＊新制作
日付：4月22日（16:00）、30日（16:00）、5月14日（16:00）、25日（16:00）、6月15日（16:00）／会場：同
指揮：Will Humburg／演出：Amir Reza Koohestani

バイエルン州立歌劇場（Bayerische Staatsoper）（ミュンヘン）＊新制作
日付：5月21日（16:00）、25日（16:00）、28日（16:00）、7月9日（18:00）（7月はミュンヘン・オペラ・フェスティヴァ

フランクフルト歌劇場（Oper Frankfurt）
日付：5月20日（19:30）、25（15:30）、28日（19:30）、6月3日（19:30）、5日（18:00）、10日（19:30）／会場：同
指揮：Sebastian Weigle ／演出：David Bösch

リューベック劇場（Theater Lübeck）
日付：6月9日（19:30）、15（19:30）、24日（19:30）、7月9日（16:00）、9月15日（19:30）、30日（19:30）、10月14日（19:30）、27日（19:30）、11月12日（18:00）、12月14日（19:30）／会場：同
指揮：沼尻竜典（Ryusuke Numajiri）（6月、7月、9月、11月、12月）、Anthony Negus（10月）／演出：Aniara Amos

ハレ歌劇場（Oper Halle）
日付：6月16日（19:30）、21日（19:30）、9月29日（19:30）、10月4日（19:30）、6日（19:30）、14日（19:30）／会場：同
指揮：Josep Caballé Domenech（6月、9月、10月6日）、Christopher Sprenger（10月4日、14日）／演出：Florian Lutz

ハイデンハイム・オペラ・フェスティヴァル（Opern Festspiele Heidenheim）
日付：7月7日（20:00）、9日（20:00）、14日（20:00）、15日（20:00）、21日（20:00）、22日（20:00）、26日（20:00）、28日（20:00）／会場：リッターザール・シュロス・ヘレンシュタイン（Rittersaal Schloss Hellenstein）、フェストシュピールハウス・コングレス・ツェントルム（Festspielhaus Congress Centrum）（雨天の場合）
指揮：Marcus Bosch ／演出：Georg Schmiedleitner ／演奏：シュトゥットガルト・フィルハーモニカー

レーゲンスブルク劇場（Theater Regensburg）＊ハーフ・ステージ形式
日付：7月15日（21:00）／会場：ヴェストハーフェン（Westhafen, Regensburg）
指揮：阪哲朗（Tetsuro Ban）／演出：Jona Manow

ダルムシュタット州立劇場（Staatstheater Darmstadt）＊新制作
日付：9月2日（19:30）、8日（19:30）、21日（19:30）、10月1日（18:00）、4日（19:30）、14日（19:30）、11月10日（19:30）、12月1日（19:30）、21日（19:30）、29日（19:30）／会場：同
指揮：Will Humburg、Benjamin Reiners（12月1日）、Dirk Kaftan（12月29日）／演出：Dietrich W. Hilsdorf

デトモルト州立劇場（Landestheater Detmold）＊新制作
日付：9月8日（19:30）、10日（18:00）、13日（19:30）、15日（19:30）、17日（19:00）、22日（19:30）、24日（17:00）、27日（19:30）、29日（19:30）、10月8日（18:00）、11月18日（19:30）、22日（19:30）、12月6日（19:30）／会場：同（9月8日、10日、13日、11月18日、12月）、ヴォルフスブルク劇場（Theater der Stadt Wolfsburg）（9月15日）、ヘルフォルト市立劇場（Stadttheater Herford）（9月17日）、テオ＝オットー劇場（レムシャイト）（Teo-Otto-Theater, Remscheid）（9月22日）、フルダ・シュロス劇場（Schlosstheater Fulda）（9月24日）、ゾーリンゲン劇場（Theater und Konzerthaus, Solingen）（9月27日）、パーダーハレ（パーダーボルン）（PaderHalle, Paderborn）（11月22日）
指揮：Lutz Rademacher ／演出：Kay Metzger

トリアー劇場（Theater Trier）＊ハーフ・ステージ形式
日付：9月17日（17:00）／会場：同
指揮：Jochen Schaaf
備考：トリアー＝ルクセンブルク・ワーグナー協会創立30周年記念演奏会

ホーフ劇場（Theater Hof）＊新制作
日付：9月22日（19:30）、28日（19:30）、30日（19:30）、10月1日（19:30）、11日（19:30）、13日（19:30）、18日（19:30）、21日（19:30）、22日（18:00）、11月19日（19:30）／会場：同（9月22日、30日、10月1日、11日、13日、21日、22日、11月）、ローゼンタール劇場（ゼルプ）（9月28日）、クアテアーター（バード・キッシンゲン）（10月18日）
指揮：Walter E. Gugerbauer ／演出：Reinhardt Friese

レーゲンスブルク劇場（Theater Regensburg）
日付：9月23日（19:30）、26日（19:30）、30日（19:30）、10月4日（19:30）、8日（19:30）、11日（19:30）、14日（19:30）、22日（19:30）、31日（19:30）、11月2日（19:30）、12日（15:00）、21日（19:30）、12月14日（19:30-）、18日（19:30）、22日（19:30）、29日（19:30）／会場：アム・ビスマルクプラッツ劇場（Theater am Bismarckplatz）
指揮：Tom Woods（9月、10月、11月、12月18日、22日、29日）、Felix Bender a.G.（12月14日）／演出：Uwe Schwarz

◆スペイン

テアトロ・レアル（Teatro Real）（マドリード）
日付：1月2日（20:00）、3日（20:00）／会場：同
指揮：Pablo Heras-Casado ／演出：Àlex Ollé (La fura dels Baus)

パラウ・デ・ラ・ムジカ（Palau de la Música）（ヴァレンシア）
日付：1月13日（20:00）、15日（20:00）／会場：同
指揮：Yaron Traub ／演出：Allex Aguilera

リセウ大劇場（Gran Teatre del Liceu）（バルセロナ）
日付：5月2日（20:00）、6日（20:00）、10日（20:00）、14日（18:00）、18日（20:00）、22日（20:00）、26日（20:00）、28日（17:00）／会場：同
指揮：Oksana Lyniv ／演出：Philipp Stölzl

◆エストニア

エストニア国立歌劇場（Rahvusooper Estonia ／ Estonian National Opera）（タリン）
日付：4月20日（19:00）、28日（19:00）、5月19日（19:00）、9月14日（19:00）、17日（19:00）、10日（19:00）、12日（19:00）／会場：同
指揮：Vello Pähn、Lauri Sirp、Jüri Alperten、Kaspar Mägnd ／演出：Pamela Recinella

◆リトアニア

リトアニア国立歌劇場（Lithuanian National Opera and Ballet Theatre）（ヴィリニュス）
日付：4月6日（18:30）、5月17日（18:30）／会場：同
指揮：Gintaras Rinkevičius ／演出：Francesca Zambello

海外ワーグナー上演 2017

〔作品別＞国別＞公演日付順〕（2017 年 1 月 1 日－12 月 31 日）

注：バイロイト音楽祭を除く主要な公演。編曲作品も一部含む（ただし、一幕構成の《ニーベルングの指環》や子どものための短縮版等は省略）。　**作＝曽雌裕一**

歌劇《妖精》

◆スロヴァキア

コシツェ国立劇場（Štátne divadlo Košice）＊新制作
日付：5 月 26 日（19:00）、27 日（19:00）、31 日（19:00）、6月10日（19:00）、11月15日（19:00）、12月29日（19:00）／会場：同
指揮：Robert Jindra、Jan Novobilský ／演出：Lubor Cukr

歌劇《恋はご法度》

◆ハンガリー

ハンガリー国立歌劇場（Magyar Állami Operaház ／ Hungarian State Opera）（ブダペスト）
日付：1 月 12 日（18:00）、14 日（18:00）／会場：エルケル劇場（Erkel Theater）
指揮：György Selmeczi ／演出：Máté Szabó

◆アルゼンチン

テアトロ・コロン（Teatro Colón）（ブエノスアイレス）＊演奏会形式
日付：4 月 25 日（20:00）、28 日（20:00）、29 日（20:00）、30 日（17:00）、5 月 2 日（20:00）／会場：同
指揮：Oliver von Dohnányi ／演出：Kasper Holten

歌劇《リエンツィ》

◆ハンガリー

ワーグナー・イン・ブダペスト（Wagner in Budapest）＊演奏会形式
日付：6 月 19 日（16:00）／会場：ベラ・バルトーク国立コンサート・ホール（Béla Bartók National Concert Hall）［ブダペスト芸術宮殿（Müpa Budapest）］
指揮：Sebastian Weigle ／演奏：ハンガリー国立フィルハーモニー管弦楽団

歌劇《さまよえるオランダ人》

◆ドイツ

マインツ州立劇場（Staatstheater Mainz）
日付：1 月 6 日（19:30）、16 日（19:30）／会場：同
指揮：Hermann Bäumer ／演出：Anselm Dalferth

ブレーマーハーフェン市立劇場（Stadttheater Bremerhaven）
日付：1 月 8 日（19:30）、26 日（19:30）、2 月 11 日（19:30）、26 日（19:30）／会場：同
指揮：Marc Niemann、Hartmut Brüsch ／演出：Matthias Oldag

シュトゥットガルト歌劇場（Oper Stuttgart）
日付：1 月 8 日、11 日、29 日、2 月 1 日、5 日、9 日、17 日／会場：同
指揮：Georg Fritzsch ／演出：Calixto Bieito

マクデブルク劇場（Theater Magdeburg）
日付：1 月 21 日（19:30）、29 日（16:00）、2 月 10 日（19:30）、25 日（19:30）、3 月 19 日（18:00）、4 月 7 日（19:30）、22 日（19:30）、5 月 11 日（19:30）／会場：同
指揮：Kimbo Ischii ／演出：Vera Nemirova

デッサウ・アンハルト劇場（Anhaltisches Theater Dessau）
日付：1 月 22 日（16:00）、2 月 17 日（19:30）、3 月 18 日（17:00）／会場：同
指揮：Markus L. Frank ／演出：Jakob Peters-Messer

ハノーファー州立歌劇場（Staatsoper Hannover）＊新制作
日付：2 月 11 日（19:30）、15 日（19:30）、18 日（19:30）、3 月 1 日（19:30）、4 日（19:30）、19 日（18:30）、24 日（19:30）、26 日（16:00）、5 月 7 日（16:00）、19 日（19:30）、31 日（19:30）、6 月 18 日（18:30）、9 月 30 日（19:30）、10 月 10 日（19:30）、20 日（19:30）、11 月 5 日（18:30）、14 日（19:30）、23 日（19:30）／会場：同
指揮：Ivan Repušić（2 月、3 月 1 日、4 日、24 日、5 月、6 月、9 月、10 月）、Mark Rohde（3 月 19 日、26 日、11 月）／演出：Bernd Mottl

ハイルブロン劇場（Theater Heilbronn）
日付：2 月 15 日（19:30）、17 日（19:30）、24 日（19:30）／会場：同
指揮：Dietger Holm ／演出：Lydia Steier
備考：ハイデルベルク歌劇場の客演公演

ハイデルベルク歌劇場（Theater und Orchester Heidelberg）＊新制作
日付：3 月 7 日（19:30）、11 日（19:30）、18 日（19:30）／会場：マルゲレ・ザール（Marguerre-Saal）
指揮：Dietger Holm ／演出：Lydia Steier

ハーゲン劇場（Theater Hagen）＊新制作
日付：5 月 6 日（19:30）、10 日（19:30）、19 日（19:30）、24 日（19:30）、6 月 9 日（19:30）、17 日（19:30）、7 月 2 日（18:00）、13 日（19:30）、9 月 10 日（15:00）、20 日（19:30）、10 月 8 日（15:00）、11 月 4 日（19:30）、12 月 16 日（19:30）／会場：同
指揮：Mihhail Gerts（5 月、6 月、7 月）、Joseph Trafton（9 月、10 月）、Steffen Müller-Gabriel（11 月、12 月）／演出：Beverly Blankenship、Rebecca Blankenship

ベルリン・ドイツ・オペラ（Deutsche Oper Berlin）＊新制作
日付：5 月 7 日（18:00）、11 日（19:30）、16 日（19:30）、20 日（19:30）、6 月 4 日（19:30）、10 日（19:30）、9 月 8 日（19:30）、22 日（19:30）、10 月 27 日（19:30）、11 月 18 日／会場：同
指揮：Donald Runnicles（5 月、6 月、9 月）、Marcus Bosch（10 月）、John Fiore（11 月）／演出：Christian Spuck

ライン・ドイツ・オペラ（Deutsche Oper am Rhein）
日付：5 月 12 日（19:30）、20 日（19:30）、25 日（18:30）／会場：デュッセルドルフ歌劇場（Opernhaus Düsseldorf）
指揮：Axel Kober ／演出：Adolf Dresen

7月8日（土）
第391回例会ワーグナー・ゼミナール（273）
雙葉学園同窓会館
「〈タンホイザー〉入門」講師：山崎太郎（東京工業大学教授）

7月20日（木）
年刊「ワーグナーシュンポシオン2017」発行

7月26日（水）
季報「リング149号」発行

8月5日（土）～13日（日）、23日（水）～27（日）
バイロイト音楽祭参加

9月3日（日）
第392回例会ワーグナー・ゼミナール（274）
あうるすぽっと会議室B
「2017年バイロイト音楽祭報告」講師：吉田真（慶應義塾大学講師）

9月18日（月・祝）
三宅幸夫理事長「お別れの会」 国際文化会館

10月22日（日）（※関西例会が予定されていましたが、台風のため延期になりました。）

10月25日（水）
季報「リング150号」発行

10月28日（土）
第393回例会ワーグナー・ゼミナール（275）
あうるすぽっと会議室
「20世紀オペラ演出の先駆け～舞台美術家アルフレート・ロラー」講師：佐藤美晴（演出家・東京芸術大学演奏芸術センター特任准教授）

12月17日（日）
第394回例会東京文化会館大会議室
「〈トリスタンとイゾルデ〉邦人初演　記録映像鑑賞会」ゲスト：渡辺美佐子（ソプラノ）司会：山崎太郎（東京工業大学教授）
忘年会　上野精養軒3153店

12月24日（日）
第156回関西例会　西宮市民会館
「ゲッツ・フリードリヒ演出　ベルリン・ドイツ・オペラ〈ニーベルングの指環〉を巡って」講師：中西ひとみ（美学・芸術学）
忘年会　レストラン「よつば庵」

日本ワーグナー協会 2017年度活動記録

1月29日（日）
第385回例会ワーグナー・ゼミナール（268）雙葉学園同窓会館ホール
「黄昏の響き」講師：岡田安樹浩（国立音楽大学非常勤講師）

2月3日（金）
季報「リング147号」発行

2月26日（土）
第386回例会ワーグナー・ゼミナール（269）雙葉学園同窓会館ホール
「〈ブリュンヒルデの自己犠牲〉徹底解剖」講師：稲田隆之（武蔵野音楽大学専任講師・音楽学）

3月4日（土）
びわ湖ホール《ラインの黄金》終演後　懇親会

3月11日（土）
第387回例会ワーグナー・ゼミナール（270）文京シビックセンター多目的室
『〈神々の黄昏〉を読む――「ただ希望なき人々のためにのみ、希望はわれわれに与えられている（W・ベンヤミン「親和力」）』講師：池上純一（埼玉大学名誉教授）

4月2日（日）
第388回特別例会（※講師が体調不良で帰国したため中止になりました）あうるすぽっと会議室B
「ロバート・ディーン・スミス氏を迎えて」講師：ロバート・ディーン・スミス（テノール）通訳：井上裕佳子　聞き手：山崎太郎

4月15日（土）
第154回 関西例会　西宮市民会館
ミニフォーラム「びわ湖ホール《ラインの黄金》を振り返って」パネラー代表：伊東史明、藤野一夫

4月28日（金）
季報「リング148号」発行

5月27日（土）
第389回 例会ワーグナー・ゼミナール（271）あうるすぽっと会議室B
「ワーグナーとアメリカ――〈アメリカ独立百周年行進曲〉をめぐって――」講師：沼野雄司（桐朋学園大学教授）

6月4日（日）
第21回地区例会　名古屋大府市役所　多目的ホール
「〈ワルキューレ〉講座　その音楽と物語」主催：愛知祝祭管弦楽団　共催：日本ワーグナー協会　講師：三澤洋史（新国立劇場合唱指揮者・愛知祝祭管弦楽団音楽監督）

6月10日（土）
理事・評議員会　六本木　国際文化会館

6月18日（日）
第390回例会ワーグナー・ゼミナール（272）早稲田大学国際会議場第3会議室
「〈ニュルンベルクのマイスタージンガー〉入門講座」講師：東条碩夫（音楽評論）

6月24日（土）
第155回関西例会　西宮市民会館502号室
「ワーグナーのジングシュピール」講師：小林幸子（昭和音楽大学・武蔵野美術大学講師）

日本ワーグナー協会

一九八〇年四月一一日に産声をあげた日本ワーグナー協会は二〇一八年、創立三八周年を迎えました。一九世紀ヨーロッパの精神文化を代表するリヒャルト・ワーグナーの芸術を探求し、広く紹介すること、それによって日本の芸術文化に貢献することを目的としています。東京で開催される月例会、関西・名古屋等の定例会を活動の中心に、テーマ別に専門家を講師に招き、講演会、レクチャーコンサート、DVD鑑賞会、パネルディスカッションなどを開催し、ワーグナーの芸術を正しく紹介するよう努めています。また、来日中の外国の著名な演奏家、演出家、研究者らを招いた公開インタビューや、彼らを囲むパーティー等さまざまなプログラムも企画しています。出版活動では、多彩な執筆陣による年一回の総合研究誌『ワーグナーシュンポシオン』刊行のほか、年四回協会機関紙『リング』を発行。さらに研究成果の集大成ともいえるワーグナー作品の音楽註・訳註つき対訳本は、二三年の歳月をかけ、二〇一三年全作品の対訳が完結いたしました。また、バイロイト祝祭劇場をはじめとする欧米音楽界と密接な情報交換や人的交流を行うなど、民間レベルでの文化交流の架け橋として国際親善にも少なからず寄与しています。

ARTES
artespublishing.com

ワーグナーシュンポシオン2018

二〇一八年七月二五日　初版第一刷発行

編者……日本《にほん》ワーグナー協会《きょうかい》
© 2018 by RICHARD WAGNER GESELLSCHAFT JAPAN
編集委員……佐野《さの》 隆《たかし》・杉谷恭一《すぎたにきょういち》・鈴木《すずき》伸行《のぶゆき》・松平《まつだいら》あかね
発行者……鈴木 茂・木村 元
発行所……株式会社アルテスパブリッシング
〒一五五－〇〇三二
東京都世田谷区代沢五－一六－二三－三〇三
TEL　〇三－六八〇五－二八八六
FAX　〇三－三四一一－七九二七
info@artespublishing.com

印刷・製本…太陽印刷工業株式会社

ISBN978-4-86559-188-0　C1073　Printed in Japan

アルテスパブリッシング

ページをめくれば、音楽。

キーワードで読む　**オペラ／音楽劇 研究ハンドブック**

丸本隆・荻野静男・佐藤英・佐和田敬司・添田里子・長谷川悦朗・東晴美・森佳子［編著］

愉しむときも、知りたいときもこの1冊。最新の研究成果を82のキーワードで！　作曲家、作品だけでなく、その背景、様式、受容まで、オペラ／音楽劇をめぐる多様で豊潤な世界を一望。日本の音楽劇である能楽、歌舞伎、浄瑠璃なども含め、あらゆる分野を網羅。愛好家・研究者の座右の1冊に！

A5判・並製・452頁／定価：本体4800円＋税／ISBN978-4-86559-158-3　C1073　装丁：中島 浩

「亡命」の音楽文化誌　**E. バリリエ**［著］／**西久美子**［訳］

政治的亡命（ラフマニノフ）、精神的亡命（ショスタコーヴィチ）、祖国の喪失（ショパン）、幸福な転身（コルンゴルト）……音楽に秘められた社会的背景を、圧倒的な博識と洞察力で読み解く！　歴史の荒波に翻弄された音楽家たちは、いかにして「新しい世界」をめざしたのか——。

B6判変型・並製・360頁／定価：本体2400円＋税／ISBN978-4-86559-182-8　C1073　装丁：折田 烈

ウィーン・フィル　コンサートマスターの楽屋から　**W. ヒンク**［語り］／**小宮正安**［構成・訳］

クライバー、ベーム、カラヤン、小澤征爾ほか名指揮者たちとのエピソード、室内楽の喜び、コンマス登用試験の秘話、日本ツアーの思い出、演奏仲間や家族への想い——名指揮者バーンスタインが「ヒンケルレ（ヒンクちゃん）」と呼んで愛した元コンサートマスターが語り下ろした名門・名手の素顔！

四六判・並製・280頁／定価：本体1800円＋税／ISBN978-4-86559-170-5　C1073　装丁：奥野正次郎

ソング・オブ・サマー　真実のディーリアス　**E. フェンビー**［著］／**小町 碧**［訳］／**向井大策**［監修］

「音楽と人生との関係について書かれた、もっとも美しい書物」（林田直樹）。病に苦しむ作曲家ディーリアスを助け、その最晩年の傑作群をともに紡ぎ出した6年間。自然に抱かれたフランスの小村での奇跡的なコラボレーションを、みずみずしい感性で綴る。名匠ケン・ラッセルが映画化した回想録の名著、ついに邦訳！

四六判・並製・336頁／定価：本体2400円＋税／ISBN978-4-86559-171-2　C1073　装丁：桂川 潤

フルトヴェングラーとトーマス・マン　**K. カンツォーク**［著］／**三浦 淳**［訳］

ナチズムと芸術家　〈叢書ビブリオムジカ〉

ナチス政権に重用されながらも芸術家としての立場を貫き、その後非ナチ化審問を経て楽壇に復権した大指揮者。ナチスが政権を掌握後亡命し、国外からフルトヴェングラーのナチズムへの「悲劇的な無知」を苛烈に糾弾しつづけた文豪。2人のドイツ人芸術家の精神の葛藤を非公開資料も駆使しながら明らかにする。

A5判・並製・248頁／定価：本体2500円＋税／ISBN978-4-86559-119-4　C1073　装丁：折田 烈

レヴィ=ストロースと音楽　〈叢書ビブリオムジカ〉　**J.-J. ナティエ**［著］／**添田里子**［訳］

構造主義の始祖とされ、現代の人文諸科学に巨大な影響をあたえた人類学者クロード・レヴィ＝ストロース（1908–2009）。彼の思想の根底には、世界と音楽の「相同性（ホモロジー）」への確信があった。音楽記号学の泰斗ナティエが、20世紀最大の知性と音楽との関係を解き明かす！

A5判・並製・248頁／定価：本体2500円＋税／ISBN978-4-903951-69-0　C1010　装丁：折田 烈

シューベルトの「冬の旅」　**I. ボストリッジ**［著］／**岡本時子＋岡本順治**［訳］

英国の誇る世界的リート歌手が、1000回を超える演奏経験と、文学・歴史・政治・自然科学におよぶ広大な知見と洞察にもとづいて著した、いまだかつてない刺激的なシューベルト論。詩人ミュラーと作曲家シューベルトが生きた19世紀初頭のヨーロッパの文化状況や自然環境が生き生きと眼前に蘇る。カラー図版多数。

A5判変型・上製・440頁／定価：本体5800円＋税／ISBN978-4-86559-150-7　C1073　装丁：桂川 潤

ARTES

アルテスパブリッシング

ページをめくれば、音楽。

ワーグナーシュンポシオン2017 特集 ワーグナーの呪縛(1) **日本ワーグナー協会**［編］

日本のワーグナー研究の最新動向を伝える年刊誌。巻頭インタビューはダニエル・バレンボイム！ 特集では、ブラームス、ニーチェ、ヒトラーなどとワーグナーの関係をさぐる。山崎太郎氏、東野治之氏、樋口裕一氏をはじめ寄稿も充実。バイロイト音楽祭や国内の上演報告、内外の文献紹介ほか最新情報も満載。

A5判・並製・184頁／定価：本体2900円＋税／ISBN978-4-86559-167-5 C1073 装丁：中野達彦＋TRM

裏声歌手のモンテヴェルディ偏愛主義 **彌勒忠史**

演奏・演出の現場から見た《オルフェオ》《ウリッセ》《ポッペア》《ヴェスプロ》〈Booksウト〉

この天才に、時代がやっと追いついた！ モンテヴェルディが創り上げたバロック・オペラの世界は、こんなにも意味深&抱腹絶倒だった。4つの代表作を知り尽くすカウンターテナー歌手が、その魅力と聴きどころを思い入れたっぷりに紹介する！

四六判・並製・240頁／定価：本体2200円＋税／ISBN978-4-86559-187-3 C1073 装丁：中島 浩

歌うギリシャ神話 オペラ・歌曲がもっと楽しくなる教養講座 〈Booksウト〉 **彌勒忠史**

ジョーヴェ、アモーレ、メルクリオって誰！？ 日本を代表するカウンターテナー歌手がギリシャ神話を解説。神々の性格の違いや身に付けているアイテムなども知れば、オペラや歌曲がもっと面白くなること間違いなし！ 有名なシーンを描いた絵画も多数掲載。

四六判・並製・224頁／定価：本体2000円＋税／ISBN978-4-86559-156-9 C1073 装丁：金子 裕

イタリア・オペラを疑え！ 名作・歌手・指揮者の真実をあぶり出す **香原斗志**

疑ってこそ見えてくる。それがイタリア・オペラの真の魅力。ロッシーニ、ドニゼッティ、ベッリーニ、ヴェルディ、プッチーニ……あの名作の真の姿とは？ グリゴーロ、フローレス、ヌッチ、脇園彩、マリオッティ、ルスティオーニ、バッティストーニ――「いまが旬」の歌手・指揮者にインタビュー&取材を敢行！

四六判・並製・260頁／定価：本体2000円＋税／ISBN978-4-86559-176-7 C1073 装丁：福田和雄

《ニーベルングの指環》教養講座 **山崎太郎**

読む・聴く・観る！ リング・ワールドへの扉 〈いりぐちアルテス〉007

ドイツ・オペラ最大の金字塔、《ニーベルングの指環》。「音楽史上もっとも敷居の高い作品」のひとつとして知られるこの楽劇を、文学、哲学、歴史学、社会学、心理学、文化人類学など人間のいとなみすべてに連関する総合的なテクストととらえ、わかりやすく解説。知的冒険に満ちた興奮の「リベラルアーツ講義」、開講！

四六判・並製・376頁／定価：本体2000円＋税／ISBN978-4-86559-153-8 C1073 装丁：折田 烈

ヴァーグナーと反ユダヤ主義 **鈴木淳子**

「未来の芸術作品」と19世紀後半のドイツ精神 〈叢書ビブリオムジカ〉

「美しき理想が排他的イデオロギーと結びつく可能性は19世紀から百年以上を隔てた今日の社会にも潜在しているし、私たちひとりひとりもこの問題の当事者にほかならない」（山崎太郎）。ヴァーグナー最大の問題を、音楽作品、論文、書簡、妻コージマの日記、同時代の資料をもとに実証。〈叢書ビブリオムジカ〉第1弾！

A5判・並製・304頁／定価：本体3000円＋税／ISBN978-4-903951-44-7 C1073 装丁：折田 烈

ヴァーグナーの反ユダヤ思想とナチズム **鈴木淳子**

『わが闘争』のテクストから見えてくるもの 〈叢書ビブリオムジカ〉

「ヴァーグナーの中にはたくさん『ヒトラー』が存在する」（トーマス・マン）。ヴァーグナーの著作や作品に色濃く流れる反ユダヤ観は、ヒトラーの思想形成に多大な影響を与えた。ナチスの聖典であるヒトラーの著作『わが闘争』の原文とヴァーグナーの主張を比較考証し、その関係を明らかにする。注記や図版資料も充実！

A5判・並製・168頁／定価：本体2400円＋税／ISBN978-4-86559-126-2 C1073 装丁：折田 烈

ARTES